천연비누 제조 실전

천연비누 만들기 전문서적

천연비누 제조 실전

독백 조용찬 지음

좋은땅

책을 내면서……

이 책을 펴내게 해 주신 하나님께 감사드리며 모든 영광을 돌려 드립니다.

그동안 천연비누와 세제류에 관한 전문 서적을 여러 권 출간했다.
본서는 지난 서적에 언급하지 않았던 새로운 기법의 천연비누 제조방법과 레시피 등이 기술되었다.
그리고 본서로 인하여 한층 더 역량 높은 수제비누 제조기법이 알려지고 이론이나 실론에 강한 비누 전문가를 양성하는 데 도움이 되었으면 하는 간절한 마음으로 출간하게 되었다.

특히 본서를 애독해 주시는 독자 분께 최고 품질의 비누를 제조할 수 있도록 알려져 있지 않은 제조 기법과 그동안 축적 되어온 필자의 노하우를 아낌없이 선물로 드리고자 한다.

그리고 수제비누를 처음 배우고자 하는 초보자 또는 이미 수제비누 제조에 해박한 지식을 가지고 있는 전문인에게도 본서가 든든한 형 같은 지침서가 되기를 희망한다.

건강과 미용에 대한 관심이 높아지고 천연소재로 만들어진 제품을 찾는 사람들이 많아지면서 수제비누를 제조하는 공방이나 공장의 수가 증가하고 있다.

인터넷에 수제비누 또는 천연비누를 검색하면 장기 자랑하듯 쇼핑몰 등에 본인이 만든 비누의 장점을 주장하거나 이런저런 표현을 하며 앞다투어서 경쟁하듯 수많은 비누들이 얼굴을 내민다.

마우스에 손을 올려놓기도 전에 필자와 인연을 맺은 업체들의 비누가 여기저기서 갖은 모양과 색상으로 필자를 반긴다.

비누는 필자에게 가족이자 친구 같은 존재다.
필자와 인연을 맺고 제조되는 비누에 붙여진 이름은 헤아릴 수 없을 정도이며 언젠가부터 그 비누는 친구가 되고 그의 이름은 친구의 이름이 되었다.

친구들이 많아서 그 이름을 다 기억하기 어렵다.
친구 중에는 20년 이상 된 친구, 어떤 친구는 10여 년 된 친구 그리고 또 어떤 친구는 몇 년 안 된 친구이며 친구마다 태어난 곳과 생김새 그리고 개성이 서로 다르다.

그리고 유명세를 타며 돈을 잘 버는 친구가 있는가 하면 그렇지 못한 친구도 있다.

한편으로 필자는 유명세를 타지 못하고 인기가 없는 친구들에게 본서를 통해서 새로운 메시지를 전하고자 한다.

친구들아! 이제 고질적인 매너리즘을 벗고 네 역량을 강화시켜서 이 나라 저 나라 넓은 세계를 마음껏 다녀 보렴.

수제비누의 역량을 높이고 강화시키려면 기본적으로 비누를 제조하는 원료의 성분과 기능을 정확히 알아야 한다.
그리고 제조방법을 제조기법으로 바꾸어서 어떤 틀에 얽매이지 말고 이리저리 넘나들어야 한다.

그래야 비누에 가장 기본이 되는 거품, 클렌징, 단단함, 우수한 보습, 마일드한 사용감 등을 마음대로 포뮬레이션 할 수 있고 미백, 항균 등의 기능을 어렵지 않게 추가할 수 있다.

필자는 오래 전부터 비누와 세제에 관한 일을 하며 미국, 필리핀, 케나다, 호주 등에서 화장품 제조업을 하는 분들에게 초청받아서 여러 업체에 제조기술을 교육해 드렸으며 국내도 셀 수 없을 정도로 많은 업체에 일익을 담당해 왔다.

그러나 아이러니한 것은 해외든 국내든 비누나 세제 사업에 10년 이상 경력 있는 업체에서도 제대로 된 비누나 세제를 제조하는 데 전문성이 뒤쳐져 있는 제조업체를 가끔 만나게 된다.

조금 지나친 표현이겠지만 전문지식 없이 반제품으로 비누를 제조하거나 원료의 성분과 기능을 무시하며 고집대로 제조하고 있다.

그리고 그러한 제조업체를 조금 더 깊이 있게 살펴보면 수요층이 점차 줄어들어서 제조자는 경제의 어려움만 탓한다.

세계는 넓고 내가 만든 비누와 세제는 갈 곳이 많다.
오래전에 몽골의 모 업체에 비누 제조기계를 설비해 드리고 발모에 도움이 되는 비누를 제조할 수 있도록 수회 출국하며 도움드렸다.

그리고 몽골비누가 유명세를 타면서 국내 모 홈쇼핑 사의 실무자가 필자에게 판매 제안을 해 왔다.

뿐만 아니라 어느 날 여성 두 분이 필자에게 찾아와서 하소연한다.
몽골 비누를 국내에서 총판으로 판매하고자 하여 울란바트라(몽골의 수도)현지 공장까지 찾아가서 제안했더니 터무니없이 많은 보증금을 요구했다고 한다.

그럴 리가 없을 텐데 의아하여 몽골에 전화로 확인해 보았더니 역시 명품비누에 걸맞는 답을 주셨다.
보증금의 액수가 중요한 게 아니라 그 정도의 배포가 있어야 본인의 비누를 취급할 수 있는 자격이 있다고 하신다.

　여성 두 분께 실례되는 말씀이지만 얼마나 멋있는 답변인가?

　수제비누의 품질을 향상시켜서 제조되는 비누에 특별한 기능을 부여하면 세계 어느 나라를 막론하고 유통하는 데 어려움이 없다.

　본서는 이와 같은 비누를 제조하기 위해서 제조방법은 물론 원료의 이름과 성분 그리고 기능을 잘 이해할 수 있도록 기술했으며 비누를 제조하는 방법도 본서를 보면서 어렵지 않게 제조할 수 있도록 집필하는 데 세심한 노력을 기울였다.

　끝으로 수제비누는 원료의 선택과 제조 기법에 따라서 매우 다양한 종류의 비누를 만들 수 있다.
　본서에 SP비누 제조법, 투명 비누 베이스 제조법, T-free베이스, CP주물럭비누 페이스트 제조법, 미백 MP비누, 애완동물 수제비누, 바디바, 샴푸바, 바디워시, 주방비누 제조법 등을 강의하듯 딱딱하지 않게 서술식으로 기술했으며 중요한 부분은 개조식 문장의 형태로 간결하게 정리했다.
　특히 비누 품질을 높이기 위해서 필자가 발명하여 특허 등록 받은 가성소다수 대체 물질 EM비누화수/EM유화수 제조방법을 상세하게 기술했다.
　독자께서 EM유화수를 제조하여 비누를 제조할 때 사용하거나, EM유화수를 제조, 상품화하며 판매하는데 부족함이 없도록 정통 제조방법을 상세하게 기술했다.

　EM비누화수/EM유화수는 제조방법에 따라서 미백 유화수, 한방 유화수 또는 녹차 유화수 등으로 제조할 수 있으며 미백으로 특정하여 제조된 유화수를 유지와 반응시키면 미백비누가 된다.

　모쪼록 필자가 전하는 제조기술이 잘 전달되어서 최고 품질의 수제비누를 제조하고자 하는 애독자 여러분께 본서가 큰 도움이 되고 수제비누 제조 산업에 기반을 튼튼히 세우는데 보탬이 되었으면 한다.

끝으로 필자를 위해서 늘 기도에 힘써 주시는 안봉수 목사님께 감사드리며 곁에서 변함없이 필자를 아껴 주고 힘이 되어 준 사랑하는 아내와 딸 승진이에게도 사랑한다는 말을 전합니다.

2025년 4월 독백 조용찬

CONTENTS

책을 내면서······ ··· 5

01 비누 기원과 입문(入門)

Ⅰ. 비누 기원 ··· 17
1. 동물성비누와 식물성비누 분류 배경 ··· 19
2. 수산화나트륨(NaOH) ··· 21

Ⅱ. 비누 입문(入門) ··· 22
1. 수제비누 법 규정과 제조 판매 ··· 22
2. 비누 데이(솝데이) SOAP DAY ··· 26
3. 비누의 원리 ··· 28
4. 제조 방법에 의한 고형비누 종류 ··· 29
    1) 합성비누(Soap on the market)
    2) 수제비누(Handmade soap)

Ⅲ. 원료 기초지식 ··· 41
1. 지방산과 오일 ··· 41
    1) 지방산의 종류와 특징
    2) 오일의 종류와 특징
2. 비누화 값 ··· 51
3. 용제 ··· 54
4. 첨가제 ··· 56
    1) 식물성
    2) 동물성
    3) 광물성
    4) 합성물
5. 계면활성제 ··· 77

6. 향료 ··· 89
   1) 향의 기원과 역사
   2) 향료의 분류: FRAGRANCE & FLAVOR
   3) 향료의 제조 방법과 용도
   4) 우리나라의 향료 산업
   5) 에센셜오일 EO(Essential Oil)
   6) 에센셜오일 노트(note)의 이해

02 기초 수제비누 제조

Ⅰ. 피부 기초지식 ··· 102
1. 피부구조 ··· 103
1) 피부 구조
2) 피부의 기능
2. 피부의 부속기관 ···107

Ⅱ. 비누 베이스 만들기 ··· 110
1. 비누 베이스 원료 구성 ··· 111
1) 유지 구성
2) 가성소다수 제조
3) 용제 구성
4) 첨가제 구성
2. 비누 베이스 레시피 구성 방법 ··· 117
1) 유지 설명
2) 가성소다수 설명
3) 용제 설명
4) 첨가제 설명
3. 비누 베이스 제조 ··· 122

Ⅲ. 크리스탈 투명 비누 베이스 만들기 ··· 126
1. 투명 비누 베이스 원료 ··· 126
1) 유지 구성
2) 가성소다수 제조
3) 용제의 구성
4) 첨가제 구성

2. 투명 비누 베이스 레시피 ··· 131
   1) 유지 설명
   2) 가성소다수 설명
   3) 용제 설명
   4) 첨가제 설명
3. 투명 비누 베이스 제조 ··· 133

03 전문 수제비누 제조

제1절 MP비누 직접 제조방법 ··· 141

Ⅰ. MP비누 직접제조 ··· 142

1. 미백 MP비누 레시피와 제조 ··· 143
   1) 유지 설명
   2) 가성소다수 설명
   3) 용제 설명
   4) 첨가제 설명
   5) 미백 MP비누 제조

2. 아토피, 여드름 MP비누 레시피와 제조 ··· 153
   1) 아토피, 여드름 MP비누
   2) 아토피, 여드름 MP비누 레시피
   3) 유지 설명
   4) 가성소다수 설명
   5) 용제 설명
   6) 첨가제 설명
   7) 아토피, 여드름 MP비누 제조

3. 샴푸바 MP 발모비누 레시피와 제조 ··· 164
   1) 샴푸바 MP 발모비누 레시피와 제조
   2) 유지 설명
   3) 가성소다수 설명
   4) 용제 설명
   5) 첨가제 설명
   6) 제조 방법

4. 바디바 MP비누와 레시피 ··· 174

5. 설거지 MP비누와 레시피 ⋯ 175
6. 애완동물 MP비누와 레시피 ⋯ 177
7. NO-T, MP비누 레시피 ⋯ 178
8. 글리세린 무첨가 NO-T, MP비누 레시피 ⋯ 179

제2절 MP비누 간접 제조방법 ⋯ 181

1. MP비누 간접 제조 ⋯ 183
    1) 보습 MP비누 레시피
    2) 클렌징 MP비누 레시피

Ⅰ. SP비누 제조 ⋯ 184

1. SP비누(Soliloquy Process Soap)란? ⋯ 184
    1) MP비누의 장점과 단점
    2) CP비누의 장점과 단점
    3) SP비누의 장점과 단점
2. CP비누 제조 이론 ⋯ 188
    1) CP비누 개념
    2) CP비누 원료와 요오드화 값, INS값, 비누화 값
    3) CP비누 레시피와 해설
    4) CP비누 제조
3. MP비누(직접 제조법) ⋯ 201
    1) 유지 구성
    2) 가성소다수 제조
    3) 용제 구성
    4) 첨가제 구성
    5) SP비누 레시피와 설명
    6) 유지 설명
    7) 가성소다수 설명
    8) 용제 설명
    9) 첨가제 설명
    10) SP비누 제조
4. CP 주물럭비누 페이스트 제조법 ⋯ 208
    1) CP 주물럭비누 페이스트 제조법
    2) 만드는 방법

04 EM 유화수 제조

1. EM 유화수 ··· 215
2. EM 유화수 특징 ··· 216
3. EM 유화수 제조 원료 ··· 216
   1) EM 활성액
   2) 백설탕
   3) 굵은소금
   4) 수산화나트륨
   5) 물
4. 기초액 제조 ··· 218
5. EM 유화수 제조 ··· 221

05 부록

천연 수제비누 용어 ··· 226

06 유용한 정보

1. 원료 구입처 (다아라숍) ··· 239
2. 인터넷 강좌 (숍엔터테인먼트) ··· 240
3. 비누 제조기계 (듀테크) ··· 243

01

비누 기원과 입문(入門)

　본서에 필자가 저술했던《독백의 천연비누 완전정복》등에 기술한 내용 일부가 중복되는 부분이 있다.

　이 책을 처음 대하는 독자를 위해서 원료의 기본내용과 향료의 기초지식 그리고 피부 기초지식을 간결하게 다시 정리해서 집필했다.

　기존에 필자가 출간했던 서적에 전문용어와 이해하기 어려운 부분이 많다고 하여 이를 쉽게 이해할 수 있도록 강의하듯 서술 형태로 기술했으며 낯선 용어는 쉽게 찾아 볼 수 있도록 본서 뒷부분에 "천연 수제비누 용어" 부록을 첨부했다.

　그리고 전문서적이니만큼 지루하지 않게 중간중간에 "휴게 공간 페이지"를 만들어서 재미있고 유익한 이야기를 넣었다.

　지루하더라도 품질이 우수한 비누를 제조하기 위해서 처음부터 끝까지 빠짐없이 읽고 실습해 주시면 매우 감사하겠다.

****

비누 기원

　비누 제조 및 최초의 사용기록 등은 자세히 알 수 없으나 BC 2800년경 메소포타미아(Mesopotamia, 지금의 이라크) 사람들이 비누를 만들어서 사용하며 레시피와 제조방법을 수메르 토판(Summerian tablet)에 새겨서 남겼다는 기록이 있고 BC 7세기경 세정을 위해서 비누를 사용했다는 성경(예레미아 2장 22절)기록이 있다.

　그리고 1세기 학자 플리니우스의 명저 박물지에 비누는 갈리아(Gallia, 지금의 프랑스) 사람에 의해서 발명되었으며 짐승의 기름과 재로 만들었다고 전해진다.

　고대 로마(BC 8세기경)에서는 산성백토나 썩은 오줌을 세정제로 사용했다고 한다.
　이후 로마 전설에 의하면 로마에 있는 사포산(mountain sapo)은 종교의식으로 인하여 많은 동물들이 번제물로 바쳐진 곳인데 비가 오면 죽은 동물의 기름과 나무를 태운 재들이 점토와 혼합되어서 거품을 내며 강가로 내려갔다고 한다.

　이로 인해서 기름과 재가 섞이면서 점토 혼합물은 세척에 도움을 주고 비누는 사포(sapo)에서 유래되었다 하여 오늘날 솝(soap)이 된 것으로 전해지고 있지만 문헌 등에 기록되어 있지 않으며 사실로 확인되지 않은 내용이다.

　우리나라에서는 유목민들이 동물을 불에 익혀 먹은 후 동물의 기름과 재가 묻은 손을 물에 씻다 보니 거품과 세정의 효과가 있어서 잿물을 사용한 비누의 제조 역사가 시작된 것으로 추정된다.

　그리고 《삼국지 위서 동이전》(AD 285년)에서는 집집마다 오줌으로 손을 씻고 세탁을 했다는 기록이 있다.

조선시대 때는 쌀겨나 콩깍지 삶은 물을 석감이라 하여 오늘날의 비누 대용으로 사용하기도 했다.

근대에 이르러서 1700년 프랑스의 의사이자 화학기술자인 니콜라 르블랑(Nicolas Leblanc 1742~1806년)이 지금의 수산화나트륨(가성소다) 대용으로 사용할 수 있는 탄산나트륨 제조법을 발명하여 비누가 공업적으로 제조할 수 있는 실질적 기초에 이르게 됐다.

이후 수산화나트륨이 개발되어서 상품화되고 비누의 원료인 유지가 점차 다양해지기 시작했다.

20세기에 들어와서 비누 염석공정의 기술이 확대되면서 비누 연속 제조공정으로 비누를 대량 생산할 수 있는 비누 산업 공업화 발전에 이르게 되었다.

우리나라는 1861년(철종 12년) 프랑스의 신부 리델(Félix Clair Ridel 1830~1884)이 사봉(savon)이란 비누를 처음 가지고 들어오게 되었는데 이를 샤봉·사봉·사본·사분 등으로 불리기도 했다.

그 당시 우리나라는 유지와 잿물을 사용하여 비누를 만들고 있었는데 서양이나 일본에서는 유지를 수산화나트륨(NaOH)으로 반응시킨 비누가 산업화되었고 국내에 수산화나트륨이 처음으로 도입되었다.

사람들은 서양에서 신기한 물질이 들어왔다고 하여 잿물 어두에 '양' 자를 붙여서 오늘날까지 '양잿물'이라 부르게 된 것이다.

양잿물은 강염기성이며 강알칼리성이다.
알칼리는 페하(PH) 7 이상의 염기성을 띄는 물질이며 산을 중화시키는 합성화합물질이다.

고대 아라비아인들이 식물의 재를 알칼리라 불렀는데, 알(al)은 관사이며 칼리(kali)는 재를 의미한다.

이후 이러한 물질과 비슷한 성질을 가진 강한 염기성을 나타내는 물질을 모두 알칼리라 부르게 되었다.

1. 동물성비누와 식물성비누 분류 배경

비누는 수산화나트륨(NaOH)을 물에 녹여서 가성소다수(수산화나트륨을 물에 녹인 희석액)를 제조한 후에 동물성 또는 식물성 유지와 반응시켜서 제조된다.

따라서 비누는 동물성 유지와 식물성 유지를 구분해서 제조할 수 있고 동물성 유지와 식물성 유지를 일정한 비율로 섞어서 제조할 수도 있다.

비누를 만들 때 사용되는 유지(油脂)는 동·식물계에 널리 존재하며 단백질 및 탄수화물과 함께 생물체의 주요 성분을 이루고 있다.
그리고 유지는 지방산과 기름인 오일(예) 모두를 일컬어서 통칭으로 사용되는 말이다.
그러나 의학계나 식품계에서는 유지라는 말을 사용하지 않고 일괄해서 지방(脂肪)이라고 부른다.

- **동물성비누**(동물성비누 발단 배경)
  - BC 2800년경 티그리스강·유프라테스강 유역에서 발견된 점토판에 짐승의 기름을 재로 반응시켜서 비누를 만들었다는 제조법이 새겨져 있다.
  - 1세기 학자 플리니우스의 명저 박물지에 의하면 비누는 짐승의 기름과 재로 만들었다는 기록에서 유추할 수 있다.

- **식물성비누**(식물성비누 발단 배경)

  비누 사용이 대중화되면서 쇠기름 등 값싼 동물성 기름을 원료로 사용하여 질이 낮은 비누가 대량으로 생산되기 시작하자 프랑스의 국왕 루이14세가 칙령(1688년)을 발표하고 엄격한 통제 하에 식물성 기름으로만 비누를 제조할 수 있는 레시피와 제조 독점권을 프랑스 마르세유 지역(Marseille)에 국한시키면서 식물성 비누의 제조기반이 구축되었다.

2. 수산화나트륨(NaOH)

　수산화나트륨의 분자식은 NaOH이며 같은 말로 소듐하이드록사이드(Sodium Hydroxide), 수산화소듐, 가성소다라고 하며 이를 물과 희석하면 순수한 우리말로 양잿물이 된다.

　수산화나트륨은 1783년 니콜라 르블랑(Nicolas Leblanc)에 의해서 소금을 원료로 사용하여 탄산나트륨이 발명되었고 1791년에 특허를 받았다.
　그가 발명한 르블랑법에 의한 탄산나트륨은 100년 이상 무기화학공업에 사용되었다.

　그 이후 1900년경 전기분해에 의한 수산화나트륨 제조법이 완성되어서 지금까지 여러 분야에서 사용되고 있다.

　수산화나트륨은 산업용으로 유용하게 사용되기도 하지만 부식성이 강해서 다른 물질을 부식시키는 위험한 물질이며 비누를 제조할 때 사용되는 주원료인 지방산이나 오일의 성분을 저하시키는 요인이 되기도 한다.
　특히 수제비누를 제조할 때 수산화나트륨을 잘못 사용하면 화상을 입거나 유독 가스를 흡입하게 되기에 매우 위험한 물질이다.

　이를 보완하기 위해서 필자가 2005년부터 연구 개발하여 2009년 수산화나트륨을 유용한 미생물 EM(Effective Micro Organism)과 반응시켜서 수산화나트륨의 유독성을 완화시킨 EM비누화수/EM유화수를 발명하여 특허 등록 받았으며 천연비누를 제조하는 데 수산화나트륨 대용으로 사용하게 되면서 널리 알려졌다.

　본서에 EM비누화수/EM유화수 제조방법을 상세하게 기술했으며 누구나 발명자의 허락 없이 제조해서 사용 또는 판매할 수 있다.
　EM비누화수/EM유화수는 제조방법에 따라서 미백 유화수, 한방 유화수 또는 녹차 유화수 등으로 제조할 수 있다.

비누 입문(入門)

비누는 수산화나트륨을 물에 희석시킨 가성소다수(알칼리염)를 유지와 반응시켜서 만들어지며 물에 풀어서 때나 이물질 등을 씻어 낼 때 사용되는 세정제다.

비누는 한 분자에 서로 상반되는 두 가지 성질인 양친매성 물질을 가지고 있다.
하나는 물과 친한 성질을 가진 친수성기이고 또 하나는 기름과 친한 성질을 가진 친유성기다.
따라서 비누는 친수성과 친유성을 동시에 가지고 있어서 기름과 물에 잘 녹는다.

비눗물은 물에 비해서 표면장력이 매우 작고 기포생성과 유화력·가용화력에 의해서 물과 기름의 경계면에 흡착하여 화학적·물리적으로 표면장력을 감소시켜서 경계면의 성질을 바꾸어 주는 역할을 한다.

> **표면장력**
> 액체 분자들은 서로 안쪽으로 잡아당기려는 힘으로 표면에 가장 작은 면적을 차지하기 위해서 스스로 수축 작용을 한다.
> 이러한 힘을 표면장력이라 하며 표면장력의 힘은 온도와 액체의 종류에 따라서 다르다.
> 그러나 비눗물을 풀어주면 표면장력의 힘은 잃어버리게 된다.

1. 수제비누 법 규정과 제조 판매

2020년부터 화장비누 제조 및 판매는 화장품법으로 준용되었다.

따라서 식품의약안전처에서 자격을 인정하는 사람에게 제조 및 판매를 허가했으며 이를 위반하면 벌금 등 형사처벌을 받게 됐다.

2020년 이전에 화장비누는 공산품이었으며 특정한 시설이나 자격 없이 제조기술만 있으면 누구를 막론하고 수제비누 또는 천연비누를 제조하거나 판매할 수 있었다.

그러나 화장비누가 화장품법으로 준용되면서 비누를 제조하는 소퍼들에게 많은 혼란이 있었다.

우수한 제조기술을 보유한 소퍼들과 비누 공방도 여기저기 흔하게 볼 수 있었는데 식품의약안전처에서 규정하고 있는 자격이 없으면 화장비누를 제조할 수 없게 되었다.

화장비누를 제조할 수 있는 자격은 화장품 법 시행 규칙에 의거하여 약사나 의사 면허를 소지하거나 4년제 대학 화장품 과학과 또는 이공계학과 학사 이상 졸업(한의약 등)한 자. 전문대학의 경우는 생명과학 등 미생물, 향장학 등을 전공하고 화장품 제조 또는 품질관리 업무에 1년 이상 종사한 자에게 주어진다.

정리하면 아래와 같다.

■ **화장비누 제조 및 판매자격**
 1. 약사, 의사, 한의사 면허 소지자
 2. 관련 전공 4년제 학위 보유자 또는 4년제 졸업 모든 공학사 학위 보유자
 3. 관련 전문대학 전공 2년제 학위 소유 + 관련 업계 1년 이상 경력자
 4. 관련 업계 제조, 판매 관리 2년 이상 경력자

당시 필자가 경험하기로는 비누를 제조하는 분들 대부분 이에 상응하는 학과를 전공하거나 고학력자분들이 많지 않았다.

때문에 지난 19대 대통령 때 청와대 국민청원 게시판에 하소연하는 글들이 많았고 한동안 혼동이 있었다.

그러나 이러한 일들을 계기로 상황을 고려해서 한시적으로 고형비누를 제조, 판매하는 경우에만 기존 화장품제조업, 책임판매업의 등록 기준보다 완화하여 제조 및 판매할 수 있도록 현재까지 규정하고 있다.

■ **완화된 화장비누 제조업 책임판매업 규정**
- 2인 이하 소형 공방에 한하여 완화된 조건으로 등록 가능함.
- 제조업과 책임판매업의 소재지가 동일해야 함.
- 2종 근린시설 건물에 사업자 등록 후 평면도 및 내역서 등을 준비해야 함.
- 규정에 따라서 작업 공간, 보관소 등을 칸막이 또는 선(테이프) 등으로 구분함.
- 식품의약안전처에서 지정하는 곳에서 교육을 이수해야 함.

필자는 화장비누는 피부에 직접 사용되는 물질이기 때문에 화장품법에 준용시킨 법률은 긍정적으로 생각한다.

그러나 전문인을 양성하는 전문대학에 비누학과를 미리 신설하고 교육하며 향후 (5~6년 후)에 화장비누가 화장품법에 준용된다는 법 규정을 널리 알려 왔다면 소퍼들에게 많은 혼란을 주지 않았을 것으로 생각한다.

그랬더라면 지금쯤 퀄리티가 높은 비누들이 우리 곁에 있으며 세계에서도 한국의 화장비누가 크게 자리매김하고 있을 것이다.

뿐만 아니라 실업율도 줄어들고 세계 여러 나라에서 전문인으로 각광받으며 각국에서 소퍼들이 활발하게 활동하고 있을 것으로 생각하니 생각만 해도 마음 뿌듯하다.

전문대학에 비누학과 신설은 어렵지 않다.

고등교육법 제47조에 의하면 "전문대학은 사회 각 분야에 관한 전문적인 지식과 이론을 가르치고 연구하며 재능을 연마하여 국가사회의 발전에 필요한 전문직업인을 양성함을 목적으로 한다."라고 되어 있다.

그리고 전문대학 일종으로 기능대학도 있다.

한국 폴리텍대학이 기능대학 범주에 속하며 등록금도 저렴한 것으로 알려져 있다.

전문대학은 4년제 종합대학에 비해서 졸업 요건이 간단하며 2년제이므로 사회에 빠르게 진출할 수 있는 장점이 있다.

수업 연한과 화장품법 시행 규칙은 대통령령으로 정할 수 있게 되어 있어서 관계자들의 노력과 지혜가 필요하다.

뿐만 아니라 4년제 대학에도 비누학과를 신설하면 진로나 흥미를 잃은 학과에서 비누학과로 전과하거나 편입하여 충분한 지식을 쌓을 수도 있다.

필자는 여러 대학의 교수님들과 인연이 있어서 출강 요청을 받기도 하지만 이러한 이야기를 전하면 긍정적인 반응만 보일 뿐이다.

조금 더 솔직히 표현하면 화장품과 관련된 4년제 대학에서 제대로 된 화장비누를 제조할 수 있는 교수나 학생의 수는 극히 드문 것으로 경험하고 있다.

필자는 비누와 관련해서 전문대학이나 4년제 대학교에 비누학과 신설이 매우 시급히 필요할 때라고 생각 한다.

2. 비누 데이(솝데이) SOAP DAY

필자가 각계 인사들에게 비누데이의 필요성을 설명하고 있다.

솝데이(SOAP DAY), 비누데이는 필자가 오래 전부터 꿈꾸어 왔던 바람이며 지금은 작은 시골마을에서 진행하고 있다.

비누데이의 취지는 지인이나 가족 또는 사회생활을 하면서 본의 아니게 실수해서 미안한 마음이 있거나 속마음을 드러내서 사과하기 어려움이 있을 때 비누를 건네주거나, 비누를 선물하며 무언(無言)으로 사과의 뜻을 전하는 문화다.

하다못해 초코파이데이, 빼빼로데이도 있는데, 비누데이라는 문화가 아직 없다는 건 신기한 일이기도 하다.

그만큼 비누 전문인들이 비누 문화와 발전에 관심이 없다는 것일 수도 있다.
비누가 기록된 문헌은 성경 예레미아 2장 22절에 씻어 내는 물질로 비누라는 말이 나온다.
그래서 필자는 SOAP DAY(솝데이), 비누데이는 매년 2월 22일로 정했다.

특히 비누데이는 용서의 날 또는 화해의 날이 될 수도 있다.
비누의 특징은 씻음을 의미하기 때문이다.

매년 2월 22일을 SOAP DAY(솝데이), 비누데이 문화로 지정했다.
독자 여러분께서도 비누데이 문화에 동참하여 널리 알리는 데 힘을 모아 주시면 매우 감사하겠다.

사과할 일이 많으면 비누를 더 많이 선물할 수도 있다.
이러한 문화가 정착되면 우리의 삶이 더 아름다워지고 가치 있어지며 차츰 세계 문화도 동참할 것으로 기대된다.

3. 비누의 원리

비누는 유지를 가성소다수(수산화나트륨 희석액)로 반응시켜서 제조되기 때문에 비누의 성분은 유지, 즉 기름인 친유성의 탄화수소와 가성소다수의 친수성인 카르복시기 두 부분으로 구성되어 있다.

탄화수소는 기름과 친한 친유성이며 카르복시기는 물과 친한 친수성이다.
따라서 비누의 성분은 기름기를 분해시키는 탄화수소(Hydrocarbon)와 물에 쉽게 분해되는 카르복시기(Carboxy group)로 구성되어 있다.

어렵지 않아요.	
기름(유지)은 기름에 분해.	탄화수소, 기름과 친하니까 친유성
물(가성소다수)은 물에 분해.	카르복시기, 물과 친하니까 친수성

물에 비누를 풀면 물의 표면장력이 떨어지고 소수성의 친유성기는 때 부분으로 접근하여 미셀(Micell)구조를 형성하게 되며 카르복시기의 친수성기는 물 분자와 상호작용하게 되는데 친유성과 친수성이 섞이지 않고 서로 끌어당기려고 하는 과정에서 때의 결합력이 약해지므로 때가 떨어지게 된다.

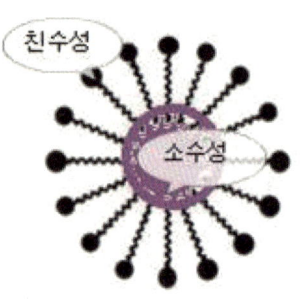

물과 기름은 서로 섞이지 않기 때문이죠.

미셀(Micell)
계면활성제가 일정 농도 이상에서 모이면 원형의 구조체를 만들게 된다.
계면활성제가 물에 녹이면 친수기는 밖으로 향하고 친유기는 안으로 회합(association)한다. 이를 미셀 또는 마이셀이라 한다.

때문에 세제를 풀어 놓은 물에 옷가지 등을 담가 두면 때는 옷 표면에서 떨어지고 물 속에 흩어지게 된다.

비누가 거품이 일어나는 원리는 기름과 친한 성분인 친유기와 물과 친한 성분인 친수기가 작용하여 물에서 문지르게 되면 비누분자들이 공기에 둘러싸이게 되고 거품이 생긴다.
그러나 찬물에서 비누의 용해도가 떨어지기 때문에 거품이 풍부하게 발생되지 않는다.

또한 칼슘(Ca)이온과 마그네슘(Mg)이온이 녹아 있는 센 물(Hard water)에도 거품이 잘 일어나지 않는다.

> **비누 세정 원리**
> 물에 비누를 풀면 표면장력이 떨어지고 친유성기는 때 부분으로 접근하여 미셀(Miell)구조를 형성하고 친수성기는 물 분자와 상호작용 한다.
> 친유성과 친수성이 서로 섞이지 않고 끌어당기려고 하는 과정에서 때의 결합력이 약해지므로 때가 떨어지게 된다.
> 즉 친유성의 성질을 가진 부분은 때와 결합하여 때를 분해시키는 일을 하고 친수성 부분은 비누가 물에 용해되는 역할을 하여 세정작용을 한다.
> 비누는 기름에 잘 녹는 성질과 물에 잘 녹는 성질을 동시에 가지고 있다.

비누를 물에 풀면 소수성(친유성) 부분은 오염물질에 침투하여 흡착한 후에 오염물질을 팽윤시켜서 친수성 성질에 의하여 분리된다.

침투 ⇒ 흡착 ⇒ 팽윤 ⇒ 분리

4. 제조 방법에 의한 고형비누 종류

비누는 유지(지방산, 오일)를 가성소다수(수산화나트륨을 물에 희석시킨 용액)와 반응시켜서 제조되며 유지의 선택과 제조방법에 따라서 합성비누 · 비누 베이스 · MP비누 · CP비누 · HP비누 · SP비누 제조법으로 분류 한다.

1) 합성비누(Soap on the market)

일반적으로 시중의 편의점 · 마트 등에서 흔하게 볼 수 있는 고형 비누가 합성비누이며 합성비누는 반제품으로 제조된 비누소지를 재가공하여 생산된다.

비누소지는 식물성유지 또는 동물성 유지를 수산화나트륨(NaOH)이 희석된 용액으로 반응시킨 후에 염석(Salting Out)공정을 거쳐서 제조된 반제품이다.

이는 주로 원료가 풍부한 말레이시아, 인도네시아 등지에서 제조되며 제조된 비누소지는 세계 각국으로 수출된다.
이를 수입한 업체에서 비누소지에 보습제 · 색상 · 방부제 · 향료 등을 첨가하여 2차 재가공하여 비누 모양으로 성형해서 합성비누를 제조한다.

일반적으로 합성비누도 천연비누처럼 우리나라에서 원료를 사용하여 직접 제조하는 것으로 알려져 있지만 그렇지 않다.
합성비누는 원료가 풍부하게 생산되는 말레이시아 · 인도네시아 등지에서 이미 가공되어 있는 비누 소지를 수입하여 여러 종류의 첨가제 등과 섞어서 비누의 모양으로 성형하여 재가공하여 제조된다.

염석공정(Salting process)
유지를 비누화 반응시킨 후에 전해질(염화소듐) 물질을 투입하면 비누화되었던 제조물이 순비누 분과 글리세린 성분으로 분리되어서 고체와 액체로 나누어진다.
비누 성분은 부력에 의해서 액체 위로 뜨고 생성된 글리세린 성분 등은 밑으로 가라앉게 된다.
위에 뜬 비누성분을 수득하여 비누소지를 제조한다.
비누소지는 연속공정으로 비누를 대량 생산하기 위해서 제조된 반제품이다.

2) 수제비누(Handmade soap)

합성비누처럼 대량생산을 위해서 염석(Salting Out)공정을 거치지 않고 유지를 가성소다수(NaOH 희석수)로 반응시켜서 그대로 비누를 만들기 때문에 일반적으로 천연비누라 통칭한다.

천연비누는 염석공정을 거치지 않고 비누를 제조하기 때문에 연속공정으로 비누를 대량 제조할 수 없는 어려움이 있다.
작업과정이 모두 분리되어 있어서 잔일손이 많기 때문에 수제비누라고도 한다.
따라서 천연비누와 수제비누는 같은 말이다.

수제비누 또는 천연비누는 제조방법에 따라서 비누 베이스, MP비누·CP비누·HP비누·SP비누로 구분한다.

천연비누는 제조과정에서 유지속의 글리세린 등의 성분을 빼내지 않고 그대로 비누화시켜서 제조되기 때문에 천연비누라 하며 제조자가 의도하는 대로 레시피 하여 여러 종류의 비누를 제조할 수 있다.

최근 학술논문 및 학위논문에 의하면 합성세안제를 사용한 피부 상태보다 천연비누를 사용했을 경우 각종 메이크업 성분과 노폐물을 효과적으로 제거하고 모공과 피부에 바람직하게 관리하는 데 효과적이라는 논문이 많이 발표되고 있다.

천연비누와 수제비누는 같은 말이지만 천연비누라는 말을 사용하여 상업적으로 제조, 유통하려면 천연 유래성분 또는 천연물질을 사용해서 비누를 제조했어도 관계기관에서 천연물질 인증을 받아야 한다.
따라서 천연비누라는 표현보다 수제비누라는 표현이 더 편안할 것 같다.

■ 비누 베이스(Soap base)

주원료: 여러 종류의 지방산(Stearic acid · Myristic Acid)과 용제

지방산을 주원료로 사용하여 수산화나트륨을 물에 회석시킨 가성소다수와 반응시킨 후에 다량의 용제를 첨가하여 고온에서 제조되는 반제품.

비누 베이스는 일반적으로 투명 비누 베이스를 일컫는다.
투명도가 높을수록 비누를 구성하는 유지의 양보다 투명 용제를 다량 사용하여 제조 됨으로 순비누분 함량이 매우 낮은 단점이 있다.

비누 베이스를 40℃로 가온시키면 촛농처럼 녹기 시작하며 60℃ 이상 되면 형체를 알아볼 수 없을 정도로 녹아서 액상이 된다.

그리고 40℃ 이하의 온도에서 경화가 시작되며 그 이하의 온도에서 단단하게 굳는다.

이러한 원리로 고온에서 비누 베이스를 녹여서 첨가물 등을 넣고 만든 비누를 MP비누라 하며 비누 베이스는 MP비누의 모체다.

비누 베이스는 제조 방법에 따라서 일반 비누 베이스, 화이트 비누 베이스, 크리스탈 비누 베이스 등으로 분류된다.

■ MP비누(Melt Pour, 녹여 붓기)

MP비누 제조법은 직접 제조법과 간접 제조법 두 종류로 분류한다.

- MP비누 직접 제조법

  주원료: 여러 종류의 지방산(Stearic acid · Myristic Acid)과 용제

  제조자가 유지를 사용하여 직접 제조하는 방법.

  또는 나중에 녹여서 사용하려고 제조자가 직접 비누 베이스를 제조하여 보관하는 방법.

- MP비누 간접 제조법

  주원료: 비누 베이스

  비누 베이스를 본인이 직접 제조하지 않고 다른 제조자에 의해서 제조된 비누 베이스를 사용하여 제조하는 방법.

  가장 기초적인 비누 제조방법이며 누구나 특별한 기술 없이 제조할 수 있는 장점이 있다.

MP비누를 제조하기 위해서 비누 베이스를 본인이 직접 제조하지 않고 다른 제조자에 의해서 가공되어 있는 반제품을 사용하면 비누의 보습 · 거품 · 클렌징 · 단단함 등을 제조자가 의도하는 대로 비누의 특성을 살리지 못하는 단점이 있다.

■ CP비누(Cold Process, 저온 제조법)

주원료: 팜유, 코코넛유, 올리브유, 피마자유 등

CP비누는 저온에서 유지(오일)를 가성소다수로 반응시켜서 비누를 제조하는 방법이며 MP비누 제조방법과 상이하게 다르다.

CP비누는 유지(오일)를 저온에서 가성소다수와 반응시킨 후에 약한 트레이스가 일어나면 필요한 첨가물 등을 넣어서 만드는 비누이다.

CP비누는 저온에서 제조되기 때문에 트레이스 이후에도 낮은 온도에서 CP비누 제조물을 구성하고 있는 원료의 분자들은 거의 붙어 있으며 매우 느리게 중화 반응한다.

3~6주간의 중화 반응 기간을 숙성시간이라 표현하는데 아주 틀리는 말은 아니지만 유지와 수산화나트륨이 반응되어서 제조되는 비누는 숙성이라는 표현보다 중화라는 표현이 더 올바르다고 할 수 있다.

■ HP비누(Hot Process, 고온 제조법)

주원료: 팜유 · 코코넛유 · 피마자유 · 글리세린 · 에탄올 · 백설탕 등

HP비누 제조법은 1789년 영국에서 이발사 일을 하던 앤드류 피어스(Andrew Pears)에 의해서 발명되었다.

그는 비누를 알코올에 녹이면 비누가 투명해진다는 걸 확인하고 연구하여 비누를 만들기 시작했으며 오늘날의 HP비누의 기초가 된 것이다.

HP비누는 CP비누와 반대로 고온에서 글리세린과 설탕물 · 에탄올 등의 용제를 첨가하여 제조한다.

HP비누의 대표적인 비누는 투명 비누라 할 수 있는데 HP투명 비누와 투명 비누 베이스는 서로 성격이 다르다.

HP비누는 재가공을 위해서 가온 시키면 비누 베이스처럼 녹지 않는다.

■ SP비누(Soliloquy Process)

주원료: 여러 종류의 지방산(Stearic acid · Myristic Acid)과 용제 + CP비누 제조물

　SP비누는 필자의 호(號)인 독백의 이니셜을 사용하여 독백 'Soliloquy'의 첫 자 'S' 자와, 만들다 'Process'의 첫 자 'P'로 구성된 독백의 SP제조법이다.

　MP비누, CP비누, HP비누도 이와 같은 맥락에서 생겨난 이름이다.

　SP비누는 MP비누와 CP비누를 융화시킨 비누이며 지방산과 오일을 주원료로 사용하여 고온에서 제조된다.

> SP비누 제법은 지방산과 오일을 결합시킨 융화법 제조방법이며 필자가 2005년에 연구 개발하여 발표한 신개념 비누 제조방법입니다.
> 제조방법 발표 후에 비누의 품질이 높아서 널리 알려짐과 동시에 이름 있는 유명한 비누들도 비누 이름 앞에 SP 이니셜을 사용하고 있습니다.

　지방산과 오일을 복합적으로 융화시키는 SP비누 제조는 다른 비누 제조법에 비해서 다소 번거로움이 있지만 사용감은 매우 우수하다.

　SP비누 제조 방법이 알려지면서 CP비누를 제조할 때 제조되는 비누의 경도를 높이거나 거품을 더 내기 위해서 CP비누 제조물에 지방산을 추가하기도 한다.

SP비누 사용감은 잘 만들어진 CP비누와 같지만 단단함은 MP비누와 같으며 순비누분이 많고 유리알칼리 검출이 없으며 제조 방법은 MP비누 제조방법처럼 직접제조법과 간접제조법 두 종류로 분류한다.

- SP비누 직접제조법
  주원료: 지방산(Stearic acid · Myristic Acid 등)과 용제 + CP비누 제조물
  제조자가 비누 베이스 또는 MP비누를 CP비누와 함께 직접 제조하는 방법.

- SP비누 간접제조법
  주원료: 비누 베이스와 CP비누
  제조자가 비누 베이스와 MP비누 그리고 CP비누를 직접 제조하지 않고 시중에서 판매되는 비누 베이스 등을 사용하여 CP비누와 함께 제조하는 방법.

휴게 공간

조선 시대 때 무예를 전혀 모르는 글방 선비가 있었다.
어느 날 무예에 능한 사람에게 한판 겨루기 도전을 받고 크게 실의에 빠져 고민하고 있었다.

그러나 글방 선비는 포기하지 않고 칼을 잘 쓰기로 소문난 무술인(武術人)을 찾아가서 고민을 털어놓고 자문을 구했다.

무술인은 한참동안 골똘히 생각에 잠겨 있다가 글방 선비에게 말을 건넸다.
"칼자루를 한 번도 잡아 보지 않았는데 꼭 이기고 싶소?"

"네! 그냥 도전만 받은 게 아니고 칼을 한 번도 잡아 보지 못한 샌님이라는 등 온갖 야유와 함께 조롱받고 있습니다. 그리고 꼭 이겨서 수치스러운 수모에서 벗어나고 싶습니다."

무술인은 선비의 비장한 각오를 짐작하고 다시 묻는다.
"그를 꼭 이기려면 죽기를 각오해야 하고 목검으로 겨루는 게 아니고 필히 진검을 사용해야 되는데 그래도 도전에 응할 생각이 있소?"

글방 선비는 흠칫 놀라면서 양쪽 어금니를 꽉 깨물며 무술인의 질문에 흔쾌히 yes라는 결정을 내렸다.
그리고 선비는 도전자에게 진검 승부를 요청하고 무술인에게 무엇인가를 배우고 며칠 후 결정의 장소로 나갔다.

두 사람은 서로를 응시하며 칼을 빼들고 허점을 노리며 무거운 죽음의 침묵이 두 사람 주위를 감싸기 시작했다.

떨어진 낙엽 스치는 소리가 들리고, 뱀이 지나가는 소리가 들릴 정도로 고요가 흐른다.
선비에겐 도전자가 공격할 빈틈이 보이지 않았다.

선비는 양손으로 칼자루를 잡고 번쩍 치켜올려서 무엇인가 접근하면 바로 내려칠 공격 자세다.
이는 공격 하는 자, 공격 받는 자 동시에 모두 치명적인 상처를 입거나 생명이 떨어지는 검법인 것이다.

선비에게 처방한 무술인의 가르침은 큰 효과가 있었다.
도전자는 이내 들고 있던 칼을 내던지고 무릎을 꿇었다. "내가 졌소!"
가르치는 사람과 배우는 사람 서로 믿고 공감대가 형성되면 큰 결실을 가져온다는 이야기입니다.

원료 기초지식

수제비누를 제조하려면 원료의 성격과 기능을 익히 알고 있어야 한다.

원료의 성격: 원료의 물리적, 화학적 특징 등
원료의 기능: 거품, 세정, 보습, 단단함 등

비누를 제조할 때 사용되는 주원료는 유지(油脂)다.
유지는 동·식물계에 널리 존재하며 단백질 및 탄수화물과 함께 생물체의 주요 성분을 이루고 있으며 모두 유기화합물이다.

> 유지: 지방산(fatty acid)과 기름인 오일(oil)모두를 일컬어서 통칭으로 사용되는 말. 의학계나 식품계에서는 유지라는 말을 사용하지 않고 일괄해서 지방(脂防)이라 한다.

1. 지방산과 오일

수제비누는 원료의 선택과 제조 방법에 따라서 매우 다양한 종류의 비누를 만들 수 있다.

본서에 비누 베이스 제조법, 크리스탈 투명 비누 베이스 제조법, 미백 MP비누 제조법, 애완동물 수제비누 제조법, 바디바 제조법, 샴푸바 제조법, 바디워시 제조법, 주방비누 제조법, SP비누 제조법 그리고 EM 비누화수 제조방법 등을 기술했다.

이들을 제조하기 위해서 제조자는 제조에 사용되는 원료의 이름 그리고 성격과 기능을 충분히 숙지하고 있어야 한다.

1) 지방산의 종류와 특징

지방산은 포화지방산과 불포화지방산으로 분류하며 일반적으로 포화지방산은 실온에서 고체이고 불포화지방산은 실온에서 액체다.

지방산은 오일에서 생산된다.
코코넛유, 피마자유, 팜유 속에는 글리세린($C_3H_5(OH)_3$) 1분자에 지방산 3분자가 결합되어 있는데 이를 트리글리세리드(Triglyceride)라고 한다.

이 결합을 수소와 산소를 이용하여 가수분해시키면 글리세린과 지방산으로 분리된다.
이때 얻어지는 원료가 비누 베이스 또는 MP비누의 주원료인 지방산이다.
어떤 이는 비누 베이스는 지방산으로 제조되기 때문에 지방산은 석유계 화학물질이며 비누 베이스는 연속 공정으로 제조되는 합성비누 또는 공장비누라고 한다.
그래서 본인은 천연비누만 만들기 때문에 지방산은 사용하지 않고 오일만 사용하여 CP비누만 만든다고 주장하는데 절대 그렇지 않다.

지방산을 나쁜 물질로 주장한다면 CP비누를 제조하는 오일도 나쁜 물질이 될 수밖에 없다.

(표 1) 오일별 지방산 함유량(%)

지방산의 종류	라우릭산 Lauric Acid	미리틱스틱산 Myristic Acid	올레익산 Oleic Acid	팔미틱산 Palmitic Acid	스테아릭산 Stearic Acid	리놀레산 Linoleic Acid
특성	세정력 풍부한 거품	단단함, 세정력 작은 거품	컨디셔닝	단단함, 세정력 거품유지	단단함 컨디셔닝	컨디셔닝 보습
오일 종류						
스윗아몬드	—	—	70-80	4-6	—	—
살구	—	—	65-75	4-6	—	—
아보카도	—	15	55-65	15-20	—	16
피마자	—	—	3-4	—	—	3-5
코코아버터	—	—	35-36	25-30	31-35	3
코코넛오일	40-45	15-20	7	8-10	1-3	1-2
카놀라	—	—	50-60	1	—	20
옥수수	—	—	30-32	13	2-3	50
달맞이꽃종자	—	—	9	7	2-3	73
에뮤오일	—	0,4	50	21	9	—
녹차씨오일	—	—	57-62	—	—	21-25
포도씨	—	—	15-20	8	4-5	75-76
호박씨	—	—	20-23	13	5-6	56
아마씨	—	—	27	6-7	2-3	13
호호바	—	—	10-13	—	—	—
쿠쿠이넛	—	—	20	6	—	42
님오일	—	2-3	55	14	17	10
마카데미아	—	—	55-60	8-9	4	—
망고	—	—	45	12-18	26-57	—
올리브	—	—	70-75	11	2	10
팜	—	—	42	8-15	31-36	10
윗점	—	—	30-36	12-13	—	56
석류씨	—	—	12	4	2-3	13
미강유	—	—	41-42	15	2-3	38-40
홍화씨	—	—	15	6-7	—	—
참깨	—	—	38-40	8-10	4-6	43-45
쉬어버터	—	—	45-55	5	35-45	5
콩기름	—	—	21-23	10	4-6	50
해바라기	—	—	16	7	4	70
쇠기름	—	3-5	42	28	20-22	3
라드	—	1	46	28	13	10

표1에서 살펴본 바와 같이 오일마다 서로 기능이 다른 지방산을 함유하고 있다.

처음 배우는 분께서 매우 어렵고 힘드실 것 같습니다.
조금 이해하려고 했는데 갑작스럽게 지방산 함유량이 나오는가 싶더니 그것도 모자라서 포화지방산과 불포화 지방산이 튀어나오니 당황스럽기도 하겠지요.
지금은 그냥 지나쳐도 됩니다.
나중에 꼭 필요할 때가 있습니다.
그때 참고하시면 됩니다.

■ 지방산은 포화지방산과 불포화지방산으로 나누어진다

- 포화지방산

  포화지방산은 탄소가 단일결합체로 고리처럼 연결되어 있는데 (C-C-C-C-C-C-C-)탄소 한 개에 수소가 양쪽으로 두 개 붙어 있는 모양을 하고 있다.
  수소가 더 이상 붙어 있을 자리가 없어서 수소로 포화되어 있기 때문에 포화지방산이라 한다.

원소기호(symbol of element)
C: 탄소/H: 수소

(표 2)

```
    H   H   H   H
    |   |   |   |
  - C - C - C - C -
    |   |   |   |
    H   H   H   H
```

- 불포화지방산

   불포화지방산은 표 2의 포화지방산처럼 단일 결합되어 있지 않고 한 개 이상의 이중결합을 가지고(C-C-C=C-C-C) 있으며 표 3과 같이 수소가 탄소에 규칙적으로 붙어 있지 않아서 불포화지방산이라 한다.

〈표 3〉

```
    H     H H
    |     | |
-C - C  = C - C -
    |         |
    H         H
```

- 포화지방산과 불포화지방산의 정리

   포화지방산은 이중결합이 없고 수소로 포화되었기 때문에(표 2) 산소가 들어올 틈이 없어서 산화가 방지되며 실온에서 고체다.

   불포화지방산은 탄소가 포화지방산처럼 단일 결합되어 있지 않고 한 개 이상의 이중결합을 가지고 있으며(표 3) 수소가 탄소에 규칙적으로 붙어 있지 않아서 불포화지방산이라 하며 산화가 빠르고 실온에서 액상으로 존재한다.

* 포화지방산으로만 비누를 만들면

   포화지방산은 실온에서 고체이며(저급 포화지방산은 실온에서 액체) 불포화지방산처럼 이중결합이 되어 있지 않아서 오랫동안 산화를 방지할 수 있지만 피부에 흡수력이 떨어지는 단점이 있다.

* 불포화지방산으로 비누를 만들면

   불포화지방산은 피부에 자극이 없고 흡수력과 보습이 우수하지만 이중결합을 하고 있기 때문에 산화가 빠르고 거품이 적으며 단단하지 못한 단점이 있다.

> 포화지방산으로 비누를 만들면 비누의 보존기간이 길고, 불포화지방산으로 비누를 만들면 비누의 보존기간이 짧아집니다.
> 포화지방산은 이중결합이 없고 수소로 포화되었기 때문에 산화가 더디게 일어납니다.
> 그러나 불포화지방산은 이중결합이 있으며 수소로 포화되어 있지 않아서 산화가 빠르게 일어납니다.

■ 지방산 기호와 표시

C18:0과 C18:1

C18:0의 C는 탄소 원소이며 18은 지방산에 탄소가 사슬처럼 18개 연결되어 있음을 표시한 것이다.

그리고 이중결합이 없음으로 0을 표기한 포화지방산이다.

대표적인 포화지방산: 스테아릭산, 라우릭산, 미리스틱산, 팔미스틱산

C18:1의 C는 탄소의 원소이며, 18은 지방산에 18개의 탄소가 사슬처럼 연결되어 있음을 표기한 것이다.

이중결합이 1곳에 있으므로 1을 표기한 불포화지방산이다.

대표적인 불포화지방산: 올레산, 리신놀레산 등

■ 포화지방산의 이름

본서에서 비누를 제조할 때 사용되는 포화지방산은 스테아릭산(Stearic Acid), 팔미스틱산(Palmitic Acid), 미리스틱산(Myristic Acid), 라우릭산(Lauric Acid) 네 종류이다.

- 스테아릭산(Stearic Acid)

C18:0

포화지방산이며 탄소사슬(C18:0)이 다른 지방산에 비해서 길다.

비누를 제조할 때 탄소사슬이 긴 지방산을 많이 사용하면 단단한 비누가 되고 짧은 지방산을 많이 사용하면 단단함이 약해지는 반면에 거품이 많이 일어난다.

예) (C18:0) 비누를 매우 단단하게 만든다.
　　(C12:0) 비누의 단단함은 약하나 풍성한 거품을 많이 만든다.

- 팔미틱산(Palmitic Acid)

C16:0

탄소수가 16개이며 스테아릭산과 함께 단단한 비누를 만들 때 사용하며 컨디셔닝 효과와 다른 지방산의 거품을 안전하게 유지시킨다.

> 여러 종류의 지방산 중 스테아릭산 또는 팔미스틱산으로만 비누를 만들면 제조된 비누는 매우 단단하지만 거품은 조금도 일어나지 않습니다.

- 미리스틱산(Myristic Acid)

C14:0

세정력과 보습의 효과가 있으며 조밀한 거품이 많이 일어난다.

- 라우릭산(Lauric Acid)

C12:0

탄소사슬(C12:0)이 다른 지방산에 비해 매우 짧다.
탄소사슬이 짧으면 거품이 많이 일어나는 반면에 단단함이 약해진다.
라우릭산은 굵고 풍부한 거품이 많이 일어난다.
거품을 많이 내기 위해서 라우릭산을 과다 사용하게 되면 컨디셔닝 효과가 떨어진다.
스테아릭산과 팔미틱산을 적절히 같이 섞어서 사용하면 좋은 비누를 만들 수 있다.

포화지방산의 특징

구분	Stearic acid	Palmitic acid	Myristic acid	Lauric acid
탄소 수	C18:0	C16:0	C14:0	C12:0
특징	매우 단단함	단단함, 거품을 안전하게 유지시켜 줌	세정력과 조밀한 거품, 보습	굵은 거품
지방산	스테아릭산	팔미틱산	미리스틱산	라우릭산

■ 불포화지방산

- 올레산(Oleic Acid)

C18:1

올레산은 $CH_3(CH_2)_7CH=CH(CH_2)_7COOH$ 탄소수 18인 무색 액상의 곧은 사슬모양의 불포화지방산 성분으로 올리브유, 동백유 등에 많다.

물에 용해되지 않으며, 알코올, 아세톤, 에테르, 헥산에 녹는다.

2) 오일의 종류와 특징

오일은 물보다 가벼운 액상이며 수면 위에 엷은 피막 같은 층으로 이루어져서 뜬다. 상온에서 액상이고 가연성이며 종류별로 점성이 다르고 물에 용해되지 않는 특징이 있다

이를 유지 또는 기름이라고도 한다.

비누를 제조할 때 오일은 주로 저온법의 CP비누와 HP비누 등을 제조할 때 주원료로 사용되며 기타 비누 제조법에 기능을 나타내기 위해서 캐리어 오일로 사용된다.

오일의 종류와 특징

오일 종류	특징
녹차씨오일	여드름, 피부진정, 멜라닌색소 침착억제, 미백효과.
님오일	피부병, 아토피, 여드름 등에 효과.
달맞이종자유	가려움증 진정, 건조피부, 강력한 보습, 아토피, 습진에 효과.
대마씨오일	산화도가 높아서 가능하면 비누를 제조할 때 사용하지 않는 게 좋다.
동백오일	피부진정, 아토피 등에 효과가 있으며 두피용으로 많이 사용됨.
레드팜오일	거친 피부, 노화방지에 좋고 비타민 E와 천연 산화방지 성분이 풍부함.
로즈힙오일	주름개선, 피부노화억제 등에 효과.
마카다미아넛 오일	산패의 속도가 더디며 피부노화억제 등에 효과.
미강유	미백효과, 항산화 등 유기질 미네랄과 풍부한 비타민E를 함유하고 있다.
붉나무종자유	건선, 피부재생, 노화방지, 미백, 아토피 등에 우수한 효과.
살구씨오일	건성피부와 지성피부 및 기미 주근깨 등에 효과.
세인트 존스워트 오일	보습, 수렴, 항균 등 효과.
시어버터	수분 손실을 줄이고 보습을 오래 유지시켜 줌.
아마씨오일	보습, 주근깨, 아토피 및 피부질환에 효과.
아몬드오일	비타민 E, D, 미네랄 등이 함유되어 있어서 건성피부에 효과.
아보카도	보습이 우수하며 크림과 마사지오일로 많이 사용됨.
에뮤오일	피부치료, 아토피개선, 노화억제, 보습에 효과.
올리브유	거품이 적고, 순함. 보습효과.
연꽃오일	여드름, 습진, 부스럼, 피부트러블 및 해독작용에 효과.
윗점오일	콜라겐, 엘라스틴 생성을 촉진하며 건선, 아토피, 노화방지 등에 효과.
망고버터유	항산화 효과, 보습과 함께 피부를 부드럽게 해 준다.
면실유	리놀레산이 주성분이며 거품이 오래 지속됨.
밍크오일	피부 손상 및 피부 수분의 증발을 막아 준다.
카놀라유	올리브유 대용으로 쓰이며 유채꽃에서 얻어진 오일.
카렌듈라유	상처치유, 항염작용, 보습작용 등에 효과(메리골드 침출유).
코코넛유	세정력과 큰 거품이 우수함.
콩기름	비타민E가 풍부하여 여드름 아토피 등에 효과.
쿠쿠이넛 오일	노화피부, 손상된 피부, 민감성 피부에 효과.
팜유	비누의 단단함을 유지시키며 글리세린이 적게 생성된다.
포도씨유	비타민, 미네랄 성분이 많으며 천연항산화 효과.
피마자유	풍부한 거품을 오래 유지, 해독력 우수함.
해바라기유	필수 지방산 함유, 레시틴함유, 보습효과, 지성피부에 효과.
햄프시드 오일	대마씨 오일이라고도 하지만 대마씨 오일과 구별되며 보습력이 우수함.
헤이즐넛오일	흡수력이 빨라서 모든 피부에 사용한다. (모공수축 등)
호호바유	살 트임 예방, 보습, 항균, 모발 관리용 등에 효과.
홍화오일	비타민과 미네랄이 풍부하고, 보습에 좋음.

살펴본 바와 같이 오일의 종류와 기능은 매우 다양하다.
간략하게 단단함, 거품, 세정, 보습에 필요한 오일을 일목요연하게 정리했다.

■ 베이스오일(Bass Oil)

비누를 제조할 때 가장 기본이 되는 오일이며 제조되는 비누를 단단하게 만든다.
팜유(Palm oil), 코코넛유(Coconut oil), 피마자유(Castor oil), 미강유(Rice bran oil), 해바라기 오일(Sunflower Seed Oil) 등.

■ 거품오일(Bubble Oil)

잔거품과 풍부한 거품을 만들어주는 오일.
코코넛오일(Coconut oil), 피마자오일(Castor oil), 아보카도오일(Avocado oil) 등.

■ 세정오일(Washing Oil)

세정의 효과가 있는 오일.
팜오일(Palm oil), 코코넛오일(Coconut oil), 미강유(Rice bran oil), 망고(Mango Oil), 오렌지오일(Orange oil), 스윗아몬드오일(Sweet almond oil) 등.

■ 보습 및 캐리어오일(Carrier Oil)

피부에 촉촉한 보습, 탄력, 윤기 등을 주기 위해서 사용되는 오일.
그레이프시드(Grapeseed oil)/달맞이꽃 오일(Evening primroseoil)/로즈힙 오일(Rosehip oil)/마카다미아넛 오일(Macadamia nut oil)/보리지 오일(Borage oil)/사플라워 오일(Safflower oil)/세서미 오일(Sesame oil)/세인트존스워트 오일(St. Jhon's wort oil)/스윗아몬드 오일(Sweet almond oil)/아보카도 오일(Avocado oil)/아프리코트카넬 오일(Apricot kernel oil)/올리브 오일(Olive oil)/윗점 오일(Wheatgerm oil)/헤이즐넛 오일(Hazel nut oil)/호호바 오일(Jojoba oil)/칼렌듈라 오일(Calendula oil)/캐롯 오일(Carrot oil) 등.

피부타입별 오일의 종류

기능	유지(오일)
보습	달맞이종자유, 아르간유, 녹차씨오일, 마카다미아유, 올리브유, 타마누오일
탄력	바나나오일, 호호바유, 어성초유, 녹차씨오일, 해바라기유, 붉나무종자유
건성피부	피마자유, 호호바오일, 올리브유, 윗점유, 해바라기씨오일, 아몬드유
지성피부	해바라기씨오일, 살구씨오일, 코코넛오일, 헤이즐넛유, 미강유, 어성초유
노화피부	타마누오일, 로즈힙시드오일, 달맞이꽃종자유, 마카다미아유, 녹차씨오일
민감성피부	동백유, 올리브유, 카렌튤라유, 윗점유, 달맞이종자유, 붉나무종자유
아토피피부	미강유, 호호바유, 마카다미아유, 카렌튤라유, 달맞이꽃종자유, 녹차씨오일
각질 제거	아보카도유, 미강유, 해바라기씨오일, 동백유, 잇꽃씨오일, 어성초유
아토피	호호바유, 달맞이종자유, 녹차씨오일, 윗점유, 타마누유, 에뮤오일
피부트러블	호호바유, 아보카도유, 타마누유, 붉나무종자유, 녹차오일, 달맞이종자유
세정효과	코코넛오일, 미강유, 피마자유, 오렌지오일, 해바라기씨오일
미백	녹차씨오일, 미강유, 붉나무종자유, 오렌지오일, 자스민오일, 밍크오일
항균	윗점유, 녹차씨오일, 마카다미아유, 호호바유, 해바라기씨오일, 붉나무종자유
항산화	해바라기씨오일, 윗점유, 붉나무종자유, 녹차씨오일, 브로콜리씨오일
방부	포도씨유, 녹차씨오일, 붉나무종자유, 코코넛유, 아르간오일, 마카다미아유

2. 비누화 값

비누는 유지(지방산, 오일)를 가성소다수(수산화나트륨을 물에 희석시킨 용액)로 반응시켜서 제조된다.

비누제조를 제조할 때 사용되는 유지는 그의 종류에 따라서 수산화나트륨 사용중량(g)이 다르다.

비누화 값: 유지 1g으로 비누를 만들 때 사용되는 수산화나트륨의 중량(g)
가성소다수: 수산화나트륨을 물에 희석시킨 용액

수산화나트륨은 강염기성 물질이며 화학식 NaOH, 분자량 39.997g/mol.이며 조해성이 강한 흰색결정체다.

　공기 중에 습기를 흡수하는 조해성이 있으며 산업용 등으로 사용되며 부식성이 강해서 다른 물질을 부식시키는 위험한 물질이다.

지방산의 비누화 값

지방산	비누화 값
스테아릭산(Stearic Acid)	0.148
팔미틱산(Palmitic Acid)	0.153
미리스틱산(Myristic acid)	0.176
라우릭산(Lauric Acid)	0.195

오일별 비누화 값

오일	비누화 값
ㄱ	ㄱ
넛멕버터 (Nutmeg Butter)	0.116
녹파씨유	0.137
ㄴ	ㄴ
님 오일(Neem Oil)	0.136
ㄷ	ㄷ
달맞이꽃 오일(Evening primrose oil)	0.136
동백 오일(Camellia Oil)	0.136
ㄹ	ㄹ
라놀린(Lanolin (Wool Fat))	0.074
로즈힙 오일(Rosehip Seed Oill)	0.138
라드 (돼지기름)(Lard)	0.138
ㅁ	ㅁ
마이즈(옥수수씨눈)오일(Maize Oil)	0.136
마카다미아 오일(Macadamia Nut Oil)	0.139
망고 오일(Mango oil)	0.128
망고버터(Mango Butter)	0.137
머스타드 오일(Mustard Oil)	0.124
면실유(Cottonseed Oil)	0.139
미강유(Rice Bran Oil)	0.128
밀납(흰색)(Bees Wax (white))	0.069
밍크 오일(Mink Oil)	0.140
ㅂ	ㅂ
바바수 오일(Babassu Oil)	0.175
버진 코코넛오일(virgincoconut)	0.195
보리지 오일(Borage Oil)	0.136
복숭아 핵오일(Peach Kernel)	0.137

ㅅ	ㅅ
살구씨 오일(Apricot Kernel Oil)	0.135
스테아르산(Stearic Acid)	0.148
시어버터(Shea Butter)	0.128
식물성 쇼트닝(Shortening (Vegetable))	0.136

ㅇ	ㅇ
아르간(Argan)	0.136
아마씨유(Flaxseed Oil)	0.136
아몬드 오일(Almond Oil(Sweet))	0.136
아보카도 오일(Avocado Oil)	0.133
에뮤 오일(EMU)	0.136
올리브유(Olive Oil)	0.134
올리브퍼머유(Olive Pomace Oil)	0.156
우지(Beaf Tallow)	0.139
윌넛(호두) 오일(Walnut Oil)	0.135
윗점(밀배아) 오일(Wheatgerm Oil)	0.131
유채유(Canola Oil)	0.132

ㅊ	ㅊ
참깨씨 오일(참기름)(Sesame Seed Oil)	0.133

ㅋ	ㅋ
카렌듈라 오일(금잔화)(Calendula Oil)	0.137
캐놀라 오일 (채종유)(Canola Oil)	0.174
커피콩 오일(Coffee-seed oil)	0.130
코코넛 오일(Coconut Oil)	0.190
코코아버터(Cocoa Butter)	0.137
콩기름(Soybean Oil)	0.135
쿠쿠이넛 오일(Kukui Nut Oil)	0.135

ㅌ	ㅌ
타조 오일(Ostrich Oil)	0.139

ㅍ	ㅍ
팜버터(Palm Butter)	0.156
팜올레인유(Palm Olein Oil)	0.134
팜유(Palm Oil)	0.141
팜커널유(Palm Kernel Oil)	0.156
패릴라(들깨) 오일(Perilla Oil)	0.137
폐식용유(콩유)	0.135
포도씨 오일(Grapeseed Oil)	0.127
피넛(땅콩) 오일(Peanut Oil)	0.136
피마자 오일(Castor Oil)	0.129

ㅎ	ㅎ
해바라기유(Sunflower Seed Oil)	0.134
헤나 오일	0.156
헤이즐넛 오일(Hazelnut Oil)	0.136
헴프시드 오일(대마유)(Hemp Seed Oil)	0.135
호박씨 오일(Pumpkinseed Oil)	0.133
호호바 오일(JoJoba Oil)	0.069
홍화씨 오일	0.136

3. 용제

비누 베이스 또는 MP비누를 직접제조법으로 제조할 때 사용되는 원료이며 같은 말로 용매라고도 한다.

> 용액: 두 가지 이상의 물질이 혼합된 액상.
> 용질: 용액에 녹아서 들어가는 물질.
> 용해: 용질이 용제 속에 들어가서 섞이는 것.

- 글리세린(Glycerin)
같은 말로 글리세롤이라고도 하며 합성비누를 제조할 때 염석공정에서 얻는다.
무색, 무취의 점성이 있는 액상($C_3H_8O_3$)이며 물에 잘 녹으며 유기용매로도 사용된다.
보습과 방부작용이 우수하여 화장품, 의약품 등에 널리 사용되고 있다.

- 디프로필렌글라이콜 DPG(Dipropylene Glycol)
프로필렌글리콜 두 분자가 결합된 분자 구조이며 무색, 무취의 저자극 성분.
프로필렌글리콜보다 분자 구조가 크기 때문에 화장품 등을 제조할 때 용제 및 안정제로 많이 사용됨.
다양한 성분을 잘 섞이게 해 주며 컨디셔닝제, 디퓨져 등을 제조할 때 사용된다.

- 솔드액(SD)
비석유계의 합성물질로 무색, 무취 투명한 액상이며, 생분해성이 뛰어난 극성물질(polar substance)이다.
흡습성은 있으나 휘발성은 없으며, 비누 베이스를 제조할 때 보습, 방부, 점성의 효과가 있으며 솔비톨 대용으로 사용된다.

- 솔비톨(Sorbitol)

포도당을 환원하여 제조되는 무색, 무취의 단맛이 나는 투명한 액체.

화학식은 CH2OH·(CHOH)4CH2OH, D-Sorbitol 또는 D-Glucitol이라고 불리어지며 인공적으로 합성하여 제조된다.

솔비톨은 분말과 액상이 있는데 분말보다 액상이 흡습성이나 보습이 높아서 많이 이용된다.

83℃ 이상의 온도나 에탄올에 잘 녹으며 의약품, 화장품, 식품 등에 광범위하게 사용된다.

- 알킬폴리 글루코사이드 APG(Alkyl Polyglucoside)

동의어로 코나코파라고도 한다.

비이온 계면활성제이며, 전분과 지방산등의 원료로 만들어지며, 생분해성이 뛰어나서 친환경계면활성제로 많이 사용된다.

- 트리에탄올아민 TEA(Triethanolamine)

무색무취의 투명액상이며 아민과 수산기로 합성된 약알카리성의 유기합성물.

서로 잘 혼합되지 않는 액체나 고체를 액체에 균일하게 분산시키기 위해서 중화제로 사용되며 에멀젼(emulsion) 역할을 해 주는 비이온계 계면활성제.

트리에탄올아민의 아민은 암모니아의 수소원자가 알킬기, 아릴기 등(R)으로 치환된 화합물이며 RNH2를 제1차아민, R2NH를 제2차아민, R3N을 제3차아민이다.

1차아민은 알콜 또는 페놀을 생성하고, 2차아민은 니트로화 되지만 3차아민은 반응하지 않는다.

2차아민은 다이에탄올아민, 모노에탄올아민으로 알려져 있는 유해성분이며 발암물질이라고도 한다.

그러나 트리에탄올아민은 3차아민이며 합성이 되지 않는 비이온 물질이다.

- 프로필렌글리콜 PG(Propylene glycol)

무색무취의 투명 액상으로 화학식은 C3H8O2이며 쓴맛과 단맛이 난다.

화장품 및 의약품(습윤제, 용제) 등에 사용되며 음식류에도 소량 사용되기도 한다. 예전엔 미국 FDA 승인도 있었던 제품으로 알려지고 있다.

국내 식품 및 식품 첨가물 공전에 등록되어 있으며 식품첨가물로 사용되고 있다.

용제의 특징

용제	비누 제조물에 반응
글리세린	보습, 투명, 용해
솔비톨	보습, 투명, 점성
알킬폴리글루코사이드	투명, 용해, 가용화
트리에탄올아민	가용화, 분산
프로필렌글리콜	보습, 투명, 방부, 용해
디프로필렌글리콜	가용화, 보습
솔드액	보습, 투명, 단단함, 점성

4. 첨가제

비누를 제조할 때 비누의 기능을 높이기 위해서 비누화 반응 후에 첨가할 물질을 제조물에 첨가하여 줌으로써 유지가 가지고 있는 성분 외에 또 다른 특성을 살려서 비누의 품질을 향상시키는 데 필요한 여러 물질들을 첨가제라 한다.

첨가제는 정제된 유지류와 식물성, 동물성, 광물성 등 매우 다양하며 첨가제를 비누제조물에 첨가함으로써 비누의 품질뿐 아니라 비누의 단단함과 무름 또는 색상 등을 특정하게 나타난다.

그리고 비누를 제조할 때 첨가하는 첨가제의 종류와 특징에 따라서 노니비누, 어성초비누, 붉나무비누성 등으로 비누의 이름을 특정하기도 한다.

■ 첨가제 종류

식물성, 동물성, 광물성, 합성물 등.

최근에 인체의 5대 영양소 중의 하나인 미네랄(무기물)이 수분공급, 피부진정 등 피부에 좋다고 알려지면서 수제비누, 화장품 등에 미네랄을 첨가한 제품들이 출시되고 있다.

과학을 공부하는 것은 아니지만 비누를 제조하려면 기본적으로 미네랄을 잘 이해해야 내가 의도하는 비누를 제대로 제조할 수 있다.

미네랄은 무기질 미네랄(Inactive Mineral)과 유기질 미네랄(Active Mineral) 두 종류로 크게 나누어진다.

■ 무기질 미네랄(Inactive Mineral)

물, 흙, 공기, 금, 은, 돌가루 등에서 생산.
우리 인체가 이를 흡수 또는 소화할 수 없으며 최근에 이를 광물성 물질로 분리하고 있다.

■ 유기질 미네랄(Active Mineral)

동물, 어류, 식물 등에서 생산.
우리 인체에서 이를 소화시키거나 흡수할 수 있다.

무기질미네랄은 생명이 없는 광물질이며 유기질미네랄은 태양의 에너지를 받아서 합성 된 유기질을 의미한다.

다시 정리하면 유기질미네랄은 체내에 들어오면 동화되지만 무기질미네랄은 종류에 따라서 동화가 되지 않고 배설되거나 몸속에 침착되어서 질병의 원인이 된다.

초기학자들이 유기질미네랄과 무기질미네랄을 같은 종류로 생각했기 때문에 오늘날까지 대부분의 사람들이 유기질미네랄과 무기질미네랄을 같은 종류로 공감하고 있다.

가끔 비누에 금가루(金粉)를 첨가하여 제조된 금 비누를 보게 됩니다.
화장품도 제형에 금가루를 섞어서 제조하기도 합니다. 그뿐 아니라 어느 횟집에서는 생선회에 금가루를 뿌려 주기도 합니다.

금(Au)은 귀한 물질이고 부의 상징이며 우리 인체에 해롭지 않기 때문에 몸에 지니기도 하지만 피부에 바르거나 먹는 것은 절대 바람직하지 않습니다.

식물의 경우는 대기 중의 질소 등 무기물을 흡수하여 동화하지만 우리 인체는 이를 흡수할 수 있는 세포구조가 없습니다.

우리 인체에 유기질 미네랄이 들어오면 동화되지만 금 같은 무기질 미네랄이 들어오면 동화되지 않으며 배설되지 않고 몸속에 침착되면 질병의 원인이 됩니다.

1) 식물성

식물의 열매와 뿌리 그리고 잎과 줄기 등을 수득하여 발효 또는 추출하거나 건조시킨 고운 입자의 분말 등을 사용한다.

식물 이름	효과
가막살나무	모낭충(Demodex) 구제, 과민성피부염·기미·주근깨·피부미용·노화방지 등.
감초	식물성 첨가액을 사용할 때 융화가 잘 되도록 도우며 효능을 높여 줌.
감태나무	항산화작용·주름개선.
검은깨	피부 노화방지에 효과, 건조한 피부와 두피에 영양공급.
개똥쑥	항균·살균효과·피부독소제거·피부질환 개선, 아토피, 여드름 등에 효과.
고삼	탈모예방, 피부 부스럼에 효과, 모낭충(Demodex) 구제 등.
구기자	노화·붉은 피부·기미·주근깨 잡티제거 등에 효과.
구찌뽕	피부염·종기·습진·노화방지 효과.
굴피나무	피부노화 억제, 항산화효과, 콜라겐 합성을 증진시킴.
금은화	해독·항균, 염증·종기 등에 효과.
나팔꽃씨	미백·모공수축·여드름자국 제거·기미·주근깨 등에 효과.
노각나무	해독작용, 항산화 효과, 염증과 화상 그리고 여드름에 효과.
노나무	가려움증·부종·버짐·악창 등에 좋음(살균·항균 효과).
녹두	피부해독·청정효과·미백·기미·주근깨·아토피성 피부염 등에 효과.
녹차	기미·주근깨 형성 차단, 박테리아억제·보습·트러블 개선에 효과.
느릅나무	여드름·습진·무좀·아토피성 피부염에 효과.
다시마	지성피부·여드름·피부트러블·햇볕에 그을린 피부 등에 좋음.
당귀	노화방지·피부재생·탄력강화·화장독 해독·여드름피부·잔주름 개선.
들깨	발암물질 제거·거친 피부·주근깨·여드름 자국 등의 치료에 효과.
마가목	머리를 검게 하고 악성종양·부종을 가라앉힘.
마치현	살균·해독작용·종기·여드름 흉터나 상처 등에 효과.
멀구슬나무	모낭충 제거 및 피부병치료 등에 효과.
메밀	피지와 각질 제거·지성피부에 효과.
물푸레나무	진통·소염·장염·기관지염·수렴·미백·노화방지 등에 효과.
미강	영양공급·건성·노화피부·미백·각질 제거 등에 효과.
민들레	비타민과 미네랄이 풍부하며 여드름·붉은 피부 등에 효과.
바위옷	아토피·각종 피부염 등에 효과.
박하	넓어진 모공, 피부탄력, 소염작용 등에 효과.
버들나무	항균과 방부효과, 탈모예방.
백강잠	검버섯·기미·주근깨·보습·미백·노화예방 등에 효과.
백봉령	기미제거·색소침착·미백 효과.

백련초	각질 제거 · 피부보습 · 피부를 밝고 깨끗하게 해 줌.
복분자	노화방지 · 항산화 기능이 뛰어나며 비타민 A, C 등 미네랄이 풍부함.
붉나무	건선 · 염증 · 무좀 · 탈모예방에 효과 · 피부진정 및 강력한 항산화 · 항균작용.
뽕잎	항산화작용으로 노화억제 · 풍부한 미네랄과 발암물질 및 중금속 제거.
산자나무	아토피, 건선에 효과, 열매에 비타민 C, E, K의 함유량이 높음.
산초나무	이질이나 설사에 좋으며 혈액순환을 도와주고 회충을 구제함.
살구씨	기미 · 주근깨 · 잡티 · 잔주름예방 · 미백효과 · 피부탄력에 좋음.
삼백초	염증치유 · 피부재생 · 해독 · 피부진정 · 여드름 치료에 효과.
삼채	사포닌 성분이 풍부하며 아토피 · 항균 · 노화방지 · 항산화작용.
상약	기미 · 노화 · 미백에 효과.
석창포	습진이나 피부병 등으로 가려울 때 좋음.
소태나무	머리버짐 · 피부습진 · 피부질환 · 무좀 세균성질환에 좋음.
솝잎	강력한 항산화 · 항균작용, 미백 · 모공청소, 클렌징, 보습 효과.
솔잎	노화방지 · 항균작용 · 피부염이나 아토피에 좋으며 거친 피부에 효과.
송진	부스럼 종기 · 피부재생 · 모공수축 · 습진 · 화상 등에 효과.
순비기나무	바닷가 모래땅에서 자라는 식물이며 종기 · 부종 · 통증에 효과.
시어버터	보습력이 풍부하며 피부를 부드럽게 함(자외선 차단 효과).
아몬드	모공 속의 노폐물과 각질을 제거하고 피부를 부드럽게 해 줌.
아왜나무	피부에 독기를 빼주고 새살을 돋게 함.
알로에	소염 · 항균 · 흉터완화 · 보습작용 · 피부면역력 증진.
약쑥	살균 · 소염 · 습윤 작용과 함께 여드름 · 건성피부 · 지성피부 등에 효과.
애기쐐기풀	강력한 항산화 항균작용 · 피부건선 · 탈모예방 및 발모에 효과.
어성초	해독 · 피부재생 · 진정 · 화장독제거 · 여드름 · 아토피 등에 효과.
오미자	모공수축 · 피부탄력 · 청정수렴 효과(피부면역력 높여 줌).
옥수수가루	각질 제거 · 지성피부에 효과.
율무	피부 윤기 · 미백 · 여드름 등에 좋으며 소염 작용.
율피	피부탄력강화 · 수렴효과 · 미백.
은행	모공수축 · 수렴효과.
인삼	주름개선 · 노화피부의 탄력 증가.
자몽	천연 방부제이며 살균소독 방부제 등으로 사용됨.
자작나무	염증 · 화상 · 각종피부병 · 종기 · 부종 및 피부미용에 좋음.
자초	항균작용 · 혈액순환촉진 · 피부발진 · 여드름 등에 효과.

작약	항균작용 · 피부트러블 · 여드름피부에 진정의 효과가 있으며 기미 예방됨.
재피나무	옴 · 버짐 · 피부병 등에 좋으며 모낭충(Demodex) 구제에 효과.
정금나무	항산화 작용과 함께 노화방지 · 아토피 · 피부염 등에 효과.
정향	피부노폐물 제거 · 피지분비조절.
제충국	모낭충 제거에 효과.
지우초	습진 · 아토피 · 피부염 · 화상 등에 효과.
진피	여드름 · 화농 · 습진 · 가려움증 · 상처소독 · 아토피성 피부염 등에 효과.
쪽	항균성이 뛰어남. 색상을 내기 위해서 많이 사용됨.
창이자	가려움증 · 아토피 · 피부염 · 소양증 · 노화방지 등에 효과.
천궁	피부조직 재생 · 수분조절 · 기미 · 주근깨 등에 효과.
층층나무	피부염 · 종기와 악창 치유에 효과.
천년초	미백 · 보습 · 수분공급 등에 효과.
청대	항균성 뛰어남. 색상을 내기 위해서 많이 사용됨.
치자	진정작용 · 진균억제 · 소염 등에 효과.
콩가루	여드름, 기미 · 넓어진 모공 · 잔주름 등에 효과.
토사자	기미 · 주근깨 · 미백 · 노화 피부 · 붉은 피부 등에 효과.
파프리카	비타민C가 토마토의 5배 높음 · 미백 및 청정작용에 효과.
팥가루	보습 · 청정작용 · 해독작용 · 미백 · 블랙헤드 제거에 효과.
포포나무	여드름 · 습진 · 아토피 등에 좋으며 콜라겐 성분 함유.
하수오	아미노산 · 레시틴 등의 성분이 풍부함 탈모 예방에 효과.
한련초	두피세포 활성화 · 탈모 예방.
헛개나무	피부해독 · 활성산소 억제.
해초	중금속 해독 · 피부진정 · 보습 · 미백 · 수분공급 등에 효과.
호박	보습효과 · 피부를 윤택하게 해 줌.
호호바	주름과 피부건조방지 · 여드름진정 등에 효과.
홍화씨	피부청정 · 보습효과.
황백	피부를 진정 · 여드름 등에 효과.
화살나무	항산화작용 · 항염증 · 아토피 및 피부트러블 등에 효과.

피부타입별 식물 추출액의 기능과 식물 종류

기능	식물 종류
보습	파프리카, 알로에, 녹차, 백련초, 삼백초, 구기자, 천년초
미백	솝립, 녹두, 백봉령, 약쑥, 살구씨, 율무, 율피, 파프리카
항산화	붉나무, 애기쐐기풀, 자몽씨, 뽕잎, 감태나무, 화살나무
항균	붉나무, 녹차, 자몽씨, 쪽, 화살나무, 애기쐐기풀, 알로에
모공수축	아몬드, 율피, 오미자, 삼백초, 애기쐐기풀, 구기자, 당귀
각질 제거 및 세포재생	알로에, 붉나무, 천궁, 마가목, 어성초, 층층나무, 아몬드
아토피	붉나무, 마치현, 당귀, 어성초, 소태나무, 노나무, 느릅나무
여드름	포포나무, 붉나무, 삼백초, 어성초, 민들레, 구기자, 당귀
피부노화 및 주름 개선	붉나무 녹차, 가막살나무, 멀구슬나무, 구찌뽕, 물푸레나무

휴게 공간

앤드루 존슨(Andrew Johnso)은 미국 제17대 대통령이다.
그는 세살 때 아버지를 여의고 매우 가난하여 초등학교 교육을 받지 못했다.
어려운 환경에서 성장하며 양복점에 취직하여 4년 후에 양복점을 차리고 돈을 벌기 시작하면서 구두 수선공의 딸과 결혼하게 된다.
글을 모르던 존슨은 18세 때 부인의 권유로 글을 배우며 독학을 시작했다.

그 후 정치를 하며 상원 의원이 된 후 미국 제16대 부통령이 되고 이어서 17대 대통령으로 당선된다.
대통령 후보시절 유세장에서 대통령이 될 사람이 초등학교도 나오지 못했다는 등 맹렬한 공격을 받았다.

그러나 그는 예수 그리스도가 초등학교를 다녔다는 말을 들어 본 적이 없다고 강조하며 나라를 이끄는 힘은 학력이 아니라 정직과 긍정적 의지의 힘이라고 외치며 상황을 역전시켰다.

그는 재임 시 구소련의 영토 '알레스카'를 720만 달러에 사들였다.
당시 미국인들은 존슨에게 얼어붙고 쓸모없는 불모지를 뭐 하러 사냐고 반대하며 협상 과정에서 폭언과 욕설을 퍼부었다.

존슨은 그 땅에 감추어진 보고는 무한하며 다음 세대를 위해서 반드시 사 두어야 한다고 완고하게 주장했다.
그리고 국민과 의회를 설득하여 찬반투표로 알래스카를 매입하게 된다.

지금의 알래스카는 미국의 중요한 군사적 요충지이자 천연가스와 석유 그리고 금 등의 천연자원이 풍부한 미국의 보고가 되었다.

그는 고집불통 등으로 비판을 많이 받았지만 지금은 미국 역사상 최고의 위대한 대통령으로 신뢰받는 인물 중 한 사람으로 꼽히고 있다.

2) 동물성

동물에게서 얻어지는 성분이며 본서에서는 마유, 산양유, 초유만 기술했다.

■ 마유(馬油)
말기름을 마유라 하며 주성분이 지방이며 팔미톨레산(Palmitoleic acid)과 세라마이드(Ceramide) 성분이 풍부하다.

■ 팔미톨레산(Palmitoleic acid)
팔미톨레산은 어류 등 동물에 많이 분포되어 있으며 식물에는 소량 함유되어 있다.
비타민 나무(산자나무)와 마카다미아 열매, 올리브 오일이 함유하고 있는 불포화지방산.
수분유지와 노화방지, 항염증 등에 효과.

■ 세라마이드(Ceramide)
피부의 지질막(각질막) 성분이며 피부 표면에 각종의 균이나 오염물질 등 유해물질 방어와 수분손실을 억제하는 물질.
피부노화억제, 수분유지, 탱탱한 피부유지, 자외선차단 등에 효과.

- 산양유
염소의 젓이며 미네랄(셀레늄) 성분이 풍부하다.
보습, 수분공급, 항산화 등.

- 초유
송아지를 밴 젖소에게서 얻는 우유.
소에서 얻어지는 초유는 사람의 초유보다 면역글로불린G(IgG)이 약 100~300배가량 많이 함유되어 있다.
면역반응으로 만들어지는 단백질 분자(면역글로불린 성분)가 다량 함유되어 있어서 항산화물질의 함유량이 일반우유보다 높다.
항산화, 노화억제, 보습, 미네랄 등.

3) 광물성

광물성은 주로 고운 분말을 사용한다.
비누에 첨가되는 분말의 입도(grain size)는 작을수록 좋으며 600~1,000mesh 가 좋다.

- **감람석**
  페리도트 또는 올리바인이라고도 함.
  규산, 마그네슘으로 된 보석의 일종.
  2011년 9월 감람석이 석면에 해당하는 물질이 포함되어 있다는 발표 이후 사용이 중지됨.

- **개펄**
  노폐물 제거, 모공수축, 피부진정, 보습효과, 다량의 미네랄 함유.

- **맥반석**
  노폐물 제거, 모공수축, 피부진정, 여드름, 다량의 미네랄 함유.

- **목문석**
  꽃 돌이라고도 하며 돌 겉과 속에 꽃 모양이 있다.

- **송이석**
  원적외선, 각질 제거, 항산화, 노폐물 제거 등.

- **숯**

피부 깊숙한 곳까지 각종 노폐물 제거 및 해독, 피부탄력 유지, 모공수축, 수렴작용.

- 운기석

목문석이라고도 하며 항균, 각질 제거에 좋음.

- 운모

노폐물 제거, 모공수축, 여드름, 화농성여드름에 효과적이며 비누를 단단하게 만들어 줌.

- 제올라이트

노폐물 제거, 모공수축, 피부진정 등.

- 진주

피부를 약산성으로 유지시켜 피부의 면역력을 높여 줌, 피부노화방지, 보습, 미백 효과.

- 토르말린

투명 또는 반투명의 전기 자극을 띄는 광물질로 전기석이라고도 한다.
마찰에 의해 전기가 발생되며 열을 가하면 양끝이 양, 음으로 대전하기 때문에 전기석이라는 이름이 붙여졌다.
세포를 활성화시켜서 자연치유력을 높이고, 노화를 억제 하며 피로회복, 혈액순환의 촉진, 면역력 증대, 생체조직 활성화, 피부탄력 유지에 효과가 있는 것으로 알려졌다.

- 포졸란

노폐물 제거, 피부진정, 모세혈관수축, 다량의 미네랄 함유.

- **혈석**

    피부해독작용, 각질 제거, 보습효과 등.

- **황토**

    다량의 원적외선과 음이온 방출, 노폐물흡착작용 등.

(표 4)광물질의 기능과 효과

광물질 종류	기능과 효과
갯벌	각질 제거, 모공수축, 노폐물 제거, 벤토나이트 함유.
맥반석	원적외선, 각질 제거, 풍부한 미네랄, 여드름, 피부진정.
목문석	원적외선, 각질 제거, 항균, 항산화, 게르마늄함유, 아토피.
송이석	원적외선, 각질 제거, 항균, 항산화, 여드름, 아토피에 좋음.
숯	원적외선, 각질 제거, 노폐물 제거, 항산화, 항균, 해독.
운모	원적외선, 각질 제거, 클렌징, 비누를 단단하게 함.
제올라이트	원적외선, 각질 제거, 클렌징, 비누경화촉진, 음이온.
진주	원적외선, 각질 제거, 클렌징, 비누경화촉진, 음이온.
토르말린	원적외선, 각질 제거, 클렌징, 비누를 단단하게 함.
포졸란	원적외선, 각질 제거, 항균, 항산화, 미네랄 보습, 미백.
혈석	원적외선, 각질 제거, 클렌징, 비누경화촉진, 음이온.
황토	원적외선, 각질 제거, 음이온, 노폐물 제거, 아토피에 좋음.

필자가 첨가제로 사용되는 물질은 무기질미네랄과 유기질미네랄 두 종류가 있으며 무기질미네랄은 생명이 없는 광물질이며 유기질미네랄은 태양의 에너지를 받아서 합성 된 유기질을 의미한다고 했는데. 표 4에서 맥반석 등에는 풍부한 미네랄이 함유되어 있다고 표기되어 있다.

맥반석은 광물질이지만 중국 명나라 때부터 신비의 돌로 여겨 왔다.

바다 속에서 수억 년 동안 흙과 개펄, 해초, 어패류 등에 의해서 퇴적되어 생성되었기 때문으로 추정되며 황토와 포졸란 등도 같은 맥락으로 추정된다.

실질적으로 맥반석, 포졸란, 황토 등은 화장품 및 산업용으로 많이 사용되고 있다.

4) 합성물

합성물 첨가제는 피부 컨디셔닝제 · 방부제 · 이온 방지제 · 산도 조절제 · 보습제 · 색소 등 다양하다.

■ 피부 컨디셔닝제

원료의 기능(특성)에 따른 성분이며 피부를 부드럽고 유연하게 하거나 표피세포에 수분 보유 등을 증대시키는 역할을 하며 피부의 수분을 밖으로 빼앗기지 않게 차단시키거나 피부를 진정 시키며 영양 및 보습을 주는 물질이다.

- 글리세린(Glycerin)
  합성비누를 제조할 때 염석공정에서 부산물로 얻어지는 천연 성분이며 글리세롤이라고도 한다.
  무색, 무취의 액상이며 점성이 강한 특징이 있으며 천연 보습제 등으로 화장품에 널리 사용되고 있다.
  글리세린은 대기 중의 수분을 흡수하는 성질이 있어서 비누를 제조할 때 글리세린을 다량 첨가하면 비누 표면에 물 맺힘 현상이 나타난다.
  습윤성 우수함.

- 나이아신아마이드(Niacinamide)
  물과 에탄올에 잘 녹는 미백 기능성 성분의 백색 분말.
  멜라닌이 피부 표면으로 이동하는 경로를 차단시키며 피부톤 개선과 피부 트러블 발생을 억제 하는 효과가 있어서 미백화장품 등을 제조할 때 사용된다.
  노화방지, 항염, 미백 효과.

- 내추럴 베타인(Natural Betaine)
  용해성이 우수한 흰색 분말이며 사탕 · 무 뿌리에서 추출한 아미노산계 보습성분.
  모발의 손상을 막고 머릿결을 윤기 있게 함. 습윤성 우수함.

- 부틸렌 글라이콜(Butylene Glycol) 1.3BG

    사탕수수(sugar cane)등을 발효시켜서 제조된 성분의 투명한 액상.

    피부에 발림성이 좋으며 수분 증발을 차단하고 보습에 좋음.

    각종 화장품이나 세제류 등에 널리 사용되며 제조물의 용해를 돕는 용매제 역할도 한다.

- 비타민C

    피부 단백질인 콜라겐의 합성을 돕고, 피부에 탄력을 주는 엘라스틴을 보호해서 잔주름을 예방해 주는 성분.

    멜라닌 색소생성이 과도해지는 것을 막고, 자외선 차단효과가 있어서 기미를 완화시키고 미백에도 효과가 있다.

- 실크 아미노산(Silk Amino acid)

    누에고치의 주성분이며 피부로인(Fibroin)과 세리신(Sericin)이라는 단백질로 구성되어 있으며 분말과 액상타입이 있다.

    화장품 · 샴푸 · 바디워시 · 비누 등에 사용되며 부드러움을 준다.

- 아데노신(Adenosin)

    주름개선 · 항염작용 및 세포재생의 효과가 있으며 피부탄력에 좋다.

- 아세틸레이티드 라놀린(Acetylated Lanolin)

    피부를 부드럽게 해 주며 수분증발을 막고 보습을 강화시킨다.

- 알란토인(Allantoin)

    캄프리 · 밀 · 상수리나무 등에서 추출되는 식물성 천연물질의 분말 타입과 액상타입.

    피부에 수분을 주고 민감한 피부를 보호하는데 도움이 된다.

    아토피 · 각질 제거 · 가려움증에 효과가 있어서 의약품 · 화장품 등에 사용된다.

- 알부민(Albumin)

  피부탄력에 관계되는 필수 단백질 성분이며 1907년 국제회의에서 물에 잘 녹는 단순단백질(아미노산만으로 구성된 단백질)을 알부민으로 분류하여 총칭하도록 제안 되었다.

- 알부틴(Arbutin)

  염증 미백에 효과.

  투명액상.

- 엑토인(Ectoine)

  염증 및 가려움증 · 피부 트러블 · 피부진정에 좋은 흰색분말.

- 카프릴릭/카프릭트라이글리세라이드(Caprylic/Capric triglycefide)

  미네랄오일 대체 성분으로 사용되며 끈적임이나 번들거림이 적어서 화장품류에는 80% 정도 배합하여 제형을 만든다.

  피부침투성과 퍼짐이 좋고 피부를 촉촉하게 만들어 준다.

  미색 투명액상

- 토코페롤(Tocopherol 비타민E)

  비타민E는 피부 세포막을 외부의 침입으로부터 방어하는 중요한 역할을 해 줌으로 피부가 자외선, 오염물질, 노화로 손상되는 것을 막아 준다.

  비타민E는 피부 속 깊은 곳까지 보습을 주어서 피부의 호흡과 신진대사를 도와주므로 주름을 예방해 준다.

- 티타늄디옥사이드(Titaniume dioxide)

  산화티타늄으로 화이트 비누를 제조할 때 사용하기도 하며 자외선을 차단하는 효과가 있고 피부를 맑고 깨끗하게 해 준다.

- D 판테놀(Pantheno)

   피부유연 · 피부보습 · 피부 컨디셔닝에 좋음.

- 프룩탄(Fructan)

   투명액상과 흰색 분말.

   피부 건조함을 예방하고 보습력을 향상시켜서 촉촉한 피부를 유지하는데 사용되는 원료.

- 하이드롤라이즈드콜라겐(Hydrolyzed Collagen)

   피부탄력 · 노화억제 등에 좋으며 피부를 부드럽게 해 주고 모발에 탄력을 줌으로 바디워시 · 샴푸 등에 사용된다.

- 히알루론산(Hyaluronic acid)

   소듐하이알루로네이트(Sodium Hyaluronate)

   피부타입을 결정짓는 피부3대 요소(콜라겐 · 엘라스틴 · 히알루론산)중의 하나이며 자신의 무게에 수백 배 이상 수분을 저장하는 성분으로 알려져 있다.

   히알루론산은 아기의 피부에 많이 존재하기 때문에 부드럽고 촉촉하며 연령이 많아질수록 히알루론산이 감소하게 된다.

   히알루론산은 수분을 끌어당기는 힘이 있기 때문에 수분유지 능력이 높다.

■ 산화 방지제

제조된 제품을 오랜 기간 방치하거나 관리를 소홀히 했을 때 제조된 제품의 물성(物性)이 산화되고 성분이 분해되어서 파괴되는 걸 산패라 한다.

산패는 과산화지질 등 유해성 물질이 생성되어서 변색 되고 피부에 자극적 물질이 되기도 하는데 이러한 산패를 늦추거나 막아 주는 물질을 산화방지제라 한다.

- 1.2헥산다이올(1.2-Hexanediol)

   수상과 유상에 잘 섞이는 특성이 있으며 원료에 변화를 주지 않기 때문에 안정적인 첨가의 장점이 있어서 널리 사용된다.

보습과 피부컨디셔닝 기능이 있어서 다양한 제품을 만들 때 사용되며 에틸헥실글리세린(Ethylhexylglycerin)과 섞어서 사용하면 효과적이다.

- 디소듐이디티에이(Disodium EDTA)

  산화방지·변색방지·금속이온봉쇄제로 사용되며 제형을 제조할 때 생기는 금속이온(나트륨·미네랄 등)과 결합하여 제형의 품질저하·산패 및 부식 등 침전물 방지에 사용됨.

- 메틸프로판다이올(Methyl Propanediol)

  1,2-헥산다이올(1,2-Hexanediol)의 방부 보조제로 사용되며 피부자극이 거의 없으며 보습·점도 조절·유화안정 용도로 사용됨.

- 비타민 E(토코페롤 Tocopherol)

  부작용 없는 천연 방부제.

- 소듐벤조에이트(Sodium Benzoate)

  곰팡이·효모 박테리아 성장을 억제시키는 효과가 있으며 살균 및 방부 보존제로 사용됨.

- 에틸헥실글리세린(Ethylhexylglycerin)

  글리세린과 같은 종류이며 유기화합물 성분의 고급알코올 화합물.
  다른 성분을 용해시키며 탈취효과와 보습효과가 있다.

- 이미다졸리디닐우레아(Imidazolidinyl urea)

  방부제·살균제의 효과가 있어서 다른 방부제와 같이 사용하면 항균활성이 증가되지만 포름알데히드(formaldehyde)성분을 방출한다.

- 파라벤(Paraben)

샴푸나 주방세제 그리고 세탁세제 등의 물 함유량은 40~60% 이상 차지하기 때문에 부패균·미생물 등에 의한 오염을 방지하기 위해서 사용되는 성분이며 무색·무취의 특성을 가지고 있고 다양한 오염 물질을 억제하고 제거시킨다.

파라벤에 관한 유해성 논란으로 인하여 파라벤을 대체한 화학공정을 거친 방부제로 페녹시에탄올(phenoxyethanol)·1.2-헥산다이올(1,2-HEXANEDIOL)·에틸헥실글리세린(Ethylhexylglycerin) 등을 많이 사용하고 있지만 최근(2020년 4월 9일)에 식품의약품안전처의 식품의약품안전평가원은 인체에 노출되는 화학물질인 비스페놀류(3종)·파라벤류(4종)·프탈레이트류(7종)의 14종에 대한 통합위해성평가 결과, 체내 노출에 대한 위해 우려가 없는 수준으로 나타났다고 밝혔다.

- 페녹시에탄올(Phenoxyethanol)

페놀과 에틸렌글라이콜이 결합한 페놀에터(phenol ether)성분으로 보존제·방부제·착향제로 많이 사용됨.

- BHA

무색, 백색의 결정성 분말로 열에 매우 안정하며, 빛에 의해서는 약간의 착색을 가져온다.

주로 식용유지의 산화방지에 이용되며, 보통 0.005%~0.05% 정도의 농도로 사용된다.

- BHT

무색, 백색의 결정성 분말로 물에 녹지 않지만 유지 및 유기용매에는 잘 녹는다. 빛과 열에 안정되며, 사용량은 0.01~0.05% 정도이며 비누 베이스를 만들 때 갈변을 방지하기 위해서 사용된다.

■ **산도 조절제**

PH수치를 낮추어 주거나 높여 주는 물질이며 구연산과 트리에탄올아민이 대표적이다.

- 구연산(Citiric acid)

  방부제 역할도 하며 pH수치를 낮추어 준다.

- 트리에탄올아민 TEA(Triethanolamine)

  무색무취의 투명액상이며 아민과 수산기로 합성된 약알카리성의 유기합성물.
  서로 잘 혼합되지 않는 액체나 고체를 액체에 균일하게 분산시키기 위해 중화제로 사용되는 첨가물이며 에멀젼(emulsion) 역할을 해 주는 비이온계 계면활성제.
  트리에탄올아민의 아민은 암모니아의 수소원자가 알킬기, 아릴기 등(R)으로 치환된 화합물이며 RNH2를 제1차아민, R2NH를 제2차아민, R3N을 제3차아민이다.
  1차아민은 알콜 또는 페놀을 생성하고, 2차아민은 니트로화되지만 3차아민은 아무 반응을 하지 않는다.
  2차아민은 다이에탄올아민, 모노에탄올아민으로 알려져 있는 유해성분이며 발암물질이라고도 한다.
  그러나 트리에탄올아민은 3차아민이며 합성이 되지 않는 물질이다.
  중화제 역할도 하며 pH수치를 높여 준다.

■ **착색제**

비누 및 제형에 칼라를 내는 착색제
천연분말과 무기물의 고유한 색과, 안료와 염료를 사용하여 비누의 색감을 나타나게 한다.
비누의 칼라는 인공적인 색감보다 고유한 색감을 나타나게 하는 것이 바람직스럽다.

- 식물분말

  식물분말은 인공색소처럼 칼라가 화려하지 않지만 은은히 풍기는 고유의 색감이
  첨가물의 내용을 색상으로 대신해 주는 장점과 시간이 지날수록 색이 엷어지거나

갈변하는 단점이 있다.

주황색: 당근, 파프리카, 자스민, 유자, 귤피, 홍화씨 등
베이지색: 호박, 감초, 살구씨, 삼백초, 쌀겨, 오트밀, 율무 등
녹색: 오이, 해초, 청대(쪽), 브로컬리, 뽕잎, 녹두 등
검정색: 숯, 검정깨, 검정콩 등
갈색: 꿀, 녹차, 로즈힙, 라벤더, 백련초 등

- 무기분말

광물질인 맥반석, 포졸란, 황토 등이 있는데 이들은 생산되는 지역에 따라서 함유되어 있는 성분과 색상이 다르며 식물분말에 비해 색의 변화가 매우 더디거나 종류에 따라서 갈변하지 않는다.

맥반석(麥飯石): 회색
포졸란(Pozzolan): 적색
황토(Loess): 산화정도에 따라 또는 지역에 따라 색상이 매우 다채롭다.
적색, 황색, 그린색, 핑크색, 레드, 화이트 등

- 산화분말

대표적인 분말이 티타늄디옥사이드(Titanium Dioxide), 이산화티타늄(TiO_2)이다.

미분말로 백색안료 역할을 하며 자외선 반사 효과가 있어서 화장품 등에 많이 사용되며 화이트 비누 베이스 또는 화이트 비누를 제조할 때 사용된다.

■ **인공색소**

여러 물질을 공업적으로 합성하여 만들어 낸 색소, 염료나 안료.

염료(Dye)
물, 기름 등에 녹아 단 분자로 분산하여 섬유 등의 분자와 결합하여 착색하는 유색물질.

안료(Pigment)
액상 등 유기용제에 녹지 않는 분말상(粉末狀)의 착색제.

5. 계면활성제

계면장력을 활성화시키는 물질.
물질에는 기체, 액체, 고체 세 가지 상이 있다.
이 중에서 서로 다른 2가지 상이 서로 맞닿는 경계면을 계면이라 한다.

그리고 그 면적을 감소시키는 힘을 작용하게 되는데 이를 계면장력이라 한다.
계면활성은 표면장력과 거의 같은 말인데 표면장력은 한쪽 상이 액상인 경우이다.
액체의 표면적을 최소화시키는 힘을 표면장력이라 하며 어떤 물질이 액체에 녹았을 때 표면장력을 감소시키는 성질을 표면활성 또는 계면활성이라 하고 그러한 성격을 가지고 있는 물질을 계면활성제라고 한다.

> 물의 표면장력을 감소시키는 대표적 물질은 비누이며 비누는 계면활성제의 대표적인 물질입니다.
> 계면활성제는 무극성 분자와 극성분자 즉 서로 섞이지 않는 기름과 물의 계면을 활성화시키는 물질입니다.
> 계면활성제는 다 나쁜 물질이 아닙니다.
> 계면활성제를 사용하지 않고 비누나 세제류를 제조한다는 건 매우 잘못된 표현입니다.
> 비누 베이스나 고형 비누를 제조하려면 유지를 염기성 용액으로 반응시켜야 됩니다.
> 염기성 용액은 수산화나트륨을 희석시킨 가성소다수이며 계면활성제입니다.
> 계면활성제를 사용하지 않고 절대 고형 비누를 제조할 수 없습니다.

계면활성제 종류는 매우 다양하며 특징에 따라서 사용 용도가 다릅니다.
계면활성제는 자연 성분 계면활성제, 자연 유래 성분 계면활성제 그리고 석유계 합성 계면활성제 세 종류로 크게 나눌 수 있습니다.

- 자연 성분의 계면활성제
계란 노른자, 난황레시틴 그리고 볏짚을 태운 재, 소금, 비누나무, 비누풀 등 다른 어떤 물질을 첨가하지 않고 순수하게 자연에서 얻어지는 물질.

- 자연 유래 성분 계면활성제
합성화학물질에 자연적인 원천 물질을 50% 이상 함유시켜서 가공된 물질.

- 석유계 합성 계면활성제
석유에서 추출하여 화학적으로 합성된 물질.

계면활성제를 논의할 때, 천연과 합성을 따지는 것보다 안전한지, 장기간 사용하게 되면 발암물질 축적 등 피부 보호막에 어떤 영향을 미치는지, 확인하는 것이 매우 중요합니다.
우리가 사용하고자 하는 염기성 물질인 수산화나트륨은 소금물을 전기 분해하여 화학물질로 생성시킨 유독성 물질이며 여러 용도로 사용되고 있습니다.
수산화나트륨은 조해성이 강해서 대기 중에 수분을 흡수하는 성질이 있기 때문에 반드시 밀봉해서 보관해야 합니다.

계면활성제를 잘못 선택하여 수제비누를 만들면 피부 면역을 약화시켜서 아토피 등을 유발시키거나 세포의 변형을 일으키는 등 발암의 원인이 되기도 한다.

계면활성제는 석유계 합성 화합물을 배제하고 안전한 계면활성제를 원료로 선택하여 제조하는 것이 바람직하다.

대표적인 자연 친화적인 계면활성제는 EWG 그린 등급(1~2등급)으로 분류하고 있는데 정확하다고 단정 지을 수는 없지만 보편적으로 이를 지표로 참고하여 사용하고 있다.

■ EWG 등급이란?

EWG는 Environmental Working Group의 줄임말이며 미국 워싱턴에 있는 비영리 환경단체에서 1992년 인류의 건강과 환경을 위해서 만들어진 단체이다.

이 단체에서 제품의 안전성에 대해서 객관적인 데이터베이스를 EWG 등급이라 하며 1~10단계로 나누었는데 이를 EWG 등급이라 한다.

1~2등급은 안전 등급으로 초록색을 나타내고 3~6등급은 유해성분이 보통으로 있다하여 노란색을 나타낸다.

그리고 7~10등급은 유해성이 높은 위험성분을 나타내며 적색으로 표현하고 있다.

계면활성제를 물로 용해할 때 이온으로 분리되는 음이온계면활성제, 양이온계면활성제, 양쪽성계면활성제와 이온으로 분리되지 않는 비이온성계면활성제로 분류된다.

■ 계면활성제가 피부에 미치는 자극과 세정력

- 피부자극
양이온 > 음이온 > 양쪽성이온 > 비 이온

- 세정력
음이온 > 양쪽성이온 > 양이온 > 비 이온

■ 계면활성제 EWG 등급 분류

- EWG 1~2등급
소듐코코일애플아미노산(Sodium Cocoyl Apple Amino Acids) · 데실글루코사이드(Decyl Glucoside) · 포타슘코코에이트(Potassium cocoate) · 라우릴글루코사이드

(Lauryl Glucoside) · 디소듐라우레스설포석시네이트(Disodium Laureth Sulfosuccinate) 등.

- EWG 3~6등급
코카미도프로필 베타인(Cocamidopropyl Betaine) · 소듐자일렌설포네이트 (Sodium Xylenesulfonate) · 아민옥사이드(amine oxide) · 소듐라우레스설페이트(Sodium laureth sulfate) 등.

- EWG 7~10등급
직쇄알킬벤젠술폰산(LAS) · 알킬벤젠 술폰산나트륨(ABS) 등.

본서는 기술된 계면활성제를 사용하지 않고 순수하게 유지와 수산화나트륨 희석 액으로 수제비누 제조하는 방법을 기술했다.

그러나 거품성과 세정력이 더 요구되거나 기타 제조물을 제조할 때 또는 기본적으로 계면활성제를 이해하면 독자 여러분께 많은 도움이 될 것 같아서 기술했다.

■ **계면활성제별 EWG 등급**

- **다이소듐 라우레스 설포석시네이트(Disodium laureth sulfosuccinate)**
음이온 계면활성제
EWG 1~2 등급
동의어: 디소듐 라우레스 설포석시네이트 · DLS
SLS · SLES의 대체제로 사용됨.
팜유 등에서 유래된 식물성 지방산을 합성하여 얻은 성분.
거품 형성과 세정력이 좋아서 비누 및 다양한 세제류 제조에 사용됨.
젤 타입 세제류를 만들 때 편리하게 사용할 수 있다.

- **다이소듐 코코암포다이아세테이트(Disodium cocoamphodiacetate)** 양쪽성 계면활성제

  EWG 1~2 등급

  동의어: 디소디움코코암포다이아세테이트

  코코넛오일의 지방산에서 유래된 성분.

  음이온 계면활성제의 자극을 완화시켜 줌.

  바디워시 · 샴푸 · 폼 클렌저 등에 다양하게 사용됨.

- **데실글루코사이드(Decyl Glucoside)** 비이온 계면활성제

  EWG 1~2 등급

  동의어: 코나코파 · APG

  피부에 자극을 주는 계면활성제를 대처하기 위해서 사용되는 성분.

  기포력 우수함 · 세정력 약함.

  옥수수전분 · 사탕 · 무 등에서 추출한 글루코스 성분과 팜커넬오일 · 코코넛오일에서 추출한 데실 알코올 반응으로 얻어진 성분이며 피부에 자극이 적고 작은 거품이 많다.

  음이온계 계면활성제와 혼합하여 사용하면 매우 좋으며 여성 청결제 · 유아용물비누 · 샴푸 · 바디워시 등에 다양하게 사용된다.

- **디알킬디메틸암모늄클로라이드(Dialkyl dimethyl ammonium chlolide)**

  양이온 계면활성제

  동의어: DDAC

  세탁력 약함.

  섬유 유연제 · 대전 방지제 · 살균제 등에 사용됨.

- **라우라미도 프로필 베타인 (Lauramido propyl Betaine)** 양쪽성 계면활성제

  EWG 2 등급

  동의어: LPB

코코넛오일에서 추출한 성분이며 샴푸나 바디워시 등 다양한 제형에 사용됨.
코카미도 프로필베타인(Cocamidopropyl Betaine) 미타인L을 장기적으로 사용하면 알러지 유발 성분이 있어서 대체품으로 라우라미도 프로필 베타인을 사용한다.

※ 코코베타인 설명

코코베타인은 코카미도 프로필베타인 · 아미도 프로필베타인 · 라우라미도 프로필베타인 3종류로 분류하는데 라우라미도 프로필베타인(LPB)이 비교적 안전하다.

고농도에서는 피부를 자극할 수 있는 잠재적인 요인이 있기 때문에 CIR 전문가 패널은 오랜 시간 동안 피부에 화장품 성분이 남아 있는 경우 (사용 후 씻어내지 않는 제품) 3% 초과 사용은 금지할 것을 권고한다.

> **대표적인 코코베타인 3종**
> - 코카미도 프로필베타인(Cocamidopropyl Betaine) CAPB/4등급. 양성이온
> - 아미도 프로필베타인(Amidopropyl Betaine)/4등급. 양성이온
> - 라우라미도 프로필베타인 (Lauramidopropyl Betaine) LPB/2등급. 양성이온

– 라우라민옥사이드 (Lauramine Oxide) 친수제

EWG 1~2 등급

피부에 자극이 적으며 거품촉진 및 착향제 · 모발 컨디셔닝제 등에 사용됨.
바디워시 · 주방세제 · 세탁세제 등에 사용하면 좋음.

– 라우릴 글루코사이드(Lauryl Glucoside) 비이온 계면활성제

EWG 1~2 등급

기포성 약함 · 세정력 우수함.
피부에 자극이 있는 설페이트 계열의 계면활성제를 대처하기 위해서 사용되는 성분이며 코코넛오일 등 라우릴 알코올과 옥수수 · 감자전분 등에서 추출한 글루코

오스의 축합반응으로 생산된 원료이며 피부에 자극이 적고 데실 글루코사이드보다 점도가 높으며 포타슘코코일글리시네이트 · 소듐코코일애플아미노산 등의 계면활성제와 섞어서 사용하면 풍성한 거품과 세정력이 높다.

- 소듐 라우레스 설페이트(Sodium laureth sulfate) 음이온 계면활성제

EWG 3~6 등급

동의어: SLES · LES

기포성과 세정력 우수함.

미색투명 액상이며 원료 값이 저렴함.

피부에 자극적인 계면활성제로 알려져 있다.

샴푸 · 바디워시 · 주방세제 · 세탁세제 등 폭넓게 사용됨.

- 소듐라우릴설페이트(Sodium Lauryl Sulfate) 음이온 계면활성제

EWG 1~2 등급

동의어: SLS

샴푸 · 주방세제 등에 가장 널리 사용되는 음이온 계면활성제이며 일부 사람에게 피부 자극을 유발할 수 있지만 주로 사용 후에 씻어 내는 화장품에 사용되는 성분이며 세계보건기구(WHO) · 국제 암연구기관(IARC) · 미국 환경보호청(EPA) 및 유럽 연합(EU)과 같은 여러 국제기구의 어떤 기관도 SLES와 SLS는 발암 물질로 분류하지 않고 있다.

※ 소듐 라우레스 설페이트(SLES)와 소듐라우릴설페이트(SLS) 설명

수년 동안 인터넷 등을 통해서 SLES와 SLS 성분은 암을 유발시키는 물질이라고 정확하지 않고 근거 없는 거짓 주장을 게시하는 잘못된 인터넷 루머가 많이 있었는데 SLES와 SLS 모두 화장품 제조성분으로 사용하기에 안전하다.

SLES와 SLS는 일부 사람에게 피부 자극을 유발할 수 있지만 주로 사용 후에 씻어 내는 화장품이나 세제류에 사용될 경우 세계보건기구(WHO) · 국제 암연구기관 (IARC) · 미국 환경보호청(EPA) 및 유럽 연합(EU)과 같은 여러 국제기구의 어떤 기관도 SLES와 SLS는 발암 물질로 분류하지 않고 있다.

대한 화장품 협회에서도 이 두 성분의 발암성과 관련하여 직접적인 증거나 정황상의 증거는 없다고 밝히고 있으며 2010년 미국 화장품원료검토위원회 (CIR) 전문가 패널도 화장품 및 퍼스널 케어 제품의 성분으로서 안전하다는 결론을 내렸다.

대표적인 설페이트 4종
- 소듐 라우레스설페이트(Sodium laureth sulfate) SLES
- 소듐 라우릴설페이트(Sodium Lauryl Sulfate) SLS
- 암모늄 라우릴설페이트(Ammonium Lauryl Sulfate)
  (라우릴 설페이트의 암모늄염)
- 암모늄 라우레스설페이트(Ammonium Laureth Sulfate)
  (에톡실화 된 라우릴설페이트의 암모늄염)

소듐 라우레스 설페이트 (SLES) & 소듐 라우릴 설페이트(SLS)

식품의약 안전처의 화장품 위해평가(2018년 6월)에서 인체 위해 발생 우려가 낮은 것으로 평가되었으며 국외 독성연구기관인 IARC · EPA에서 발암물질로 분류하고 있지 않다.

미국 화장품 원료 안전성 평가위원회(CIR)는 사용 후 씻어 내는 화장품 사용은 안전하나, 사용 후 씻어내지 않는 화장품은 자극성 우려로 1% 농도를 초과하여 사용하지 않도록 권고하고 있다(CIR. 1983).

특히 소듐 라우레스 설페이트는 sulfated ethoxylated alcohols의 염으로써 자극을 나타낼 가능성이 있지만 일반적으로 사용했을 때 자극을 나타내지 않는다고 평가했으며(CIR. 2010) 발암성에 대한 자료는 불충분하다고 평가했다(CIR. 2005).
소듐 라우레스 설페이트와 소듐 라우릴 설페이트는 국내 · 유럽 · 일본 및 미국 등에서 사용금지나 사용한도 원료로 관리하고 있지 않다.

- **소듐 라우로일 메칠 이세치오네이트(Sodium lauroyl methyl isethionate)**
음이온 계면활성제

EWG 1~2 등급

코코넛에서 유래된 성분.

기포성과 세정력 우수함.

샴푸 · 바디워시 · 폼 클렌저 등 세제류에 사용됨.

- **소듐 메칠 코코일 타우레이트(Sodium methyl cocoyl taurate)** 음이온 계면활성제

EWG 1~2 등급

코코넛에서 유래된 성분.

피부 보습에 좋으며 풍부한 거품과 부드러운 세정 성분.

다른 계면활성제와 섞어서 사용하면 호환이 잘됨.

샴푸 · 바디워시 · 폼 클렌저 등 세제류에 사용됨.

- **소듐자일렌설포네이트(Sodium Xylenesulfonate)** 친수제 계면활성제

EWG 1~2 등급

미색투명 액상이며 세정력이 우수하고 가격이 저렴한 장점이 있지만 피부에 자극적인 계면활성제라 하여 원료의 선택을 기피하고 있다.

샴푸 · 치약 등 여러 종류의 세제류에 사용됨.

- **소듐 코코일 글루타메이트(Sodium Cocoyl Glutamate)** 음이온 계면활성제

EWG 1~2 등급

점도를 나타낼 때 잔탄검(Xanthan Gum)과 혼합이 안 됨.

코코넛 등에서 유래된 성분.

순하고 자극이 적은 성분이며 샴푸 · 바디워시 · 폼 클렌저 등에 사용됨.

- **소듐 코코일 알라니네이트(Sodium Cocoyl Alaninate)** 음이온 계면활성제

EWG 1~2 등급

코코넛 등에서 유래된 성분.

조밀하고 부드러운 거품을 형성한다.

샴푸 · 바디워시 · 핸드워시 등에 사용된다.

- **소듐코코일애플아미노산(Sodium Cocoyl Apple Amino Acids)** 음이온 계면활성제

    EWG 1~2 등급

    동의어: 애플워시

    사과에서 유래된 계면활성제이며 별도로 거품 형성제를 사용하지 않아도 풍성한 거품이 나고 피부에 자극이 거의 없어서 여성 청결제 · 유아용물비누 · 샴푸 · 바디워시 등에 사용됨.

- **소듐코코일이세치오네이트(Sodium Cocoyl Isethionate)** 음이온 계면활성제

    EWG 1~2 등급

    동의어: SCI · 엘판84

    코코넛에서 유래된 순하고 부드러운 약산성 성분.

    풍부한 거품 · 우수한 세정력.

    피부에 저자극 · 부드럽고 순한 세제류에 사용됨.

    젤 타입 세제류를 만들 때 편리하게 사용할 수 있다.

- **아민옥사이드(Amine oxide)** 양쪽성 계면활성제

    EWG 3 등급

    풍부한 거품과 세정력.

- **암모늄 라우레스 설페이트(Ammonium Laureth Sulfate)** 음이온 계면활성제

EWG 3 등급

라우레스 설페이트의 소듐염.

- **암모늄 라우릴 설페이트(Ammonium Lauryl Sulfate)** 음이온 계면활성제

EWG 3 등급

라우릴 설페이트의 암모늄염.

- **알킬벤젠 술폰산나트륨 (Alkyl Benzene Sulfone Natrium)** 음이온 계면활성제

EWG 7~10 등급

동의어: ABS

가격이 저렴하고 세척력이 우수하나 분해가 일어나지 않고 환경을 오염시켜서 1980년경 사용 금지되었다.

- **직쇄알킬벤젠술폰산(Linear Alkylbenzene Sulfonate)** 음이온 계면활성제

EWG 7~10 등급

동의어: LAS

주방세제·세탁세제·식기세척제 등 산업용 세제에 광범위하게 널리 사용되고 있는 대표적인 음이온 계면활성제.

LAS에 사용되는 원재료는 등유·벤젠·술폰산 등의 석유 파생물이며 친환경세제류를 제조할 때 사용하지 않는다.

LAS는 ABS사용이 금지되자 분해가 잘되는 직쇄상의 알킬벤젠술폰산염을 사용하여 대량 제조가 되었으며 LAS 음이온 계면활성제 한 가지만으로도 세정력이 강하기 때문에 중성세제로 제품화 되어서 광범위하게 제조 유통되고 있다.

- **코카민 옥사이드(Cocamine Oxide)** 친수제

EWG 1~2 등급

우수한 거품 형성.

모발 컨디셔닝제 등에 사용.

- **코카미도프로필 베타인(Cocamidopropyl Betaine) 양쪽성 계면활성제**

  EWG 3~6 등급

  거품 형성 · 정전기 방지 · 모발 컨디셔닝.

- **포타슘 코코일 글리시네이트(Potassum Cocoyl Glycinate) 음이온 계면활성제**

  EWG 1~2 등급

  동의어: PCG

  코코넛오일 등에서 유래된 성분.

  풍부한 거품 · 저자극 세정력 · 보습.

  헹굼성이 우수하여 잔여물이 남지 않음.

  아기세정용품 및 민감성 피부용 · 모발 컨디셔닝제에 좋음.

- **코코 글루코사이드 (Coco-Glucoside) 음이온 계면활성제**

  EWG 1~2 등급

  코코넛오일과 과일당 성분에서 유래된 성분.

  거품과 세정력 우수함.

  서로 다른 물질을 활성화시키는 특징이 있어서 물과 기름이 잘 섞임.

- **포타슘 코코에이트 (Potassium cocoate) 순비누**

  EWG 1~2 등급

  코코넛오일을 수산화칼륨으로 반응시켜서 만든 계면활성제.

  순 비누분 많음.

  주방세제 · 세탁세제 · 샴푸 등에 사용됨.

6. 향료

> 향료에 관한 기술 내용은 주식회사 아로마뱅크 대표님이 필자에게 서적 발간용으로 제공한 자료가 포함되어 있습니다.

향료는 지구상에 있는 휘발성 물질의 분자가 비산하여 취각기관을 자극시켜서 발현될 때 느끼는 냄새이다.

냄새란 미각과도 깊이 연관되어 있어서 넓은 의미로 향료라 하는데 이는 냄새 또는 맛을 주는 물질로서 단일물질뿐만 아니라 두 가지 이상의 조합 물질을 총칭하며 상온에서는 휘발성이 강하다.

천연비누에 첨가되는 향은 일반적으로 인공향 FO(Fragrance Oil)과 에센셜오일 EO(Essential Oil) 두 가지로 나누어서 사용되고 있다.

보편적으로 CP 비누를 제조할 때 에센셜오일을 사용하지만 그 외 HP비누, MP비누 등을 제조할 때 인공향인 FO를 주로 사용한다.

인공향은 라벤다향, 레몬향 등 EO처럼 다양하며 향이 강하고 오래 지속되지만 피부에 자극을 초래할 수 있으므로 부득이 사용이 필요할 경우는 소량 또는 에센셜오일과 일정한 비율로 혼합(조향)하여 사용하는 것이 바람직하다.

1) 향의 기원과 역사

① 최초사용

인류생활에 쓰인 것은 기원전(BC 4000~5000) 농경 부족 사회가 시작되고 인간이 신의 존재를 인식하면서부터라고 알려져 있다.

(향료의 발상지: 인도 파미르 고원 – 힌두교, 침향, 백단, 후추 등)

② 방부(Antiseptic) 및 방취(Deodorant) 효과

모든 향은 대부분 방부력이 있어서 고대 이집트 미이라에는 Balsam 향이 사용되었다.

③ 지역적인 면에서 세계적으로 가장 먼저 향료가 필요했던 곳은 기온이 높고 건조한 곳에서 땀, 냄새 등의 이취(異臭)를 Masking 하기 위해 향을 발전시켰다.

④ 향의 시대적인 면

   a. 고대 이집트: 향료를 만드는 최고의 기술 보유.

  예) – 클레오파트라 시대 때 향수공장 지음.

      – 파라오 왕 때 즉위식에서 향유를 머리에 붓는 의식.

      – 클레오파트라는 유람선 돛대에 장미향을 듬뿍 적셔서 자신의 매력을 향기로 나타내기도 했음.

      – 미이라 제조에 발삼 향 등 이용.

   b. 로마: 향수의 천국이라고 할 정도로 향료를 남용.

    (이때 향수의 대중화 시대가 열림.)

    방향성 물질을 유분에 용해하여 사용.

   c. 16~18세기

      – 1560년: 프랑스 남부지방 Grasse 지방 향료 식물 재배 시작.

      – 오늘날 향료의 중심지가 된 역사적 계기 마련.

      – 피혁공업의 발달(가죽의 악취 제거).

2) 향료의 분류: FRAGRANCE & FLAVOR

① 천연 향료: 1,500여 종
    a. 기후와 환경에 따른 품질의 차이.
    b. 원료 수급의 불안정.
    c. 가격변동이 심한 단점.
    d. 특히 동물의 경우 멸종 위기에 있어 국제적 교역을 금한 조약으로 사용이 금지됨.
       - 동물성 향료: Musk, Civet, Castoreum, Ambergris
       - 식물성 향료: 약 60과 1,500여 종(꽃, 꽃봉우리, 줄기, 뿌리, 수피, 열매, 씨 등)

② 합성향료: 약 3,000여 종 방향물질 분자이며 대부분 Unsaturated-Hydrocarbon으로 구성되며 Functional group을 갖는다.

3) 향료의 제조 방법과 용도

향료는 증류법, 압착법 등과 같은 추출방법에 따라 다르며 수율은 대체로 0.01%에서 10% 정도이다.

예를 들어 장미향료 1kg의 수율은 그 꽃잎 2,000kg이 필요하여 매우 고가이며 귀하다.

(Rose: 약 650만 원~800만 원/kg, Jasmin: 약 700만 원~1,000만 원/kg)

① Distillation(Steam&Water 증류법): 각 성분의 B.P 차이 즉 증기압 차이에 따라 필요한 물질을 얻음.
② Expression(압착법): 유향 물질을 압착하여 향을 짜내는 방법으로 Citrus류(감귤류)의 과피에서 향을 추출할 때 사용되는 방법.
③ Extraction(Solvent extraction 용매추출법): 열에 약한 식물에 사용되는 방법으로 용매는 주로 ether, benzene, hexane 등이 사용된다.

④ Absorption(흡착법): 열로 인한 분해가 쉽고 또는 성분 중에 일부가 물에 용출될 것을 우려하는 꽃의 향을 추출할 때 많이 이용.

　Absorbant: 탈취된 돈지, 우지, Vaseline etc.

⑤ Enfleurage(냉침법): 식물로부터 향기로운 화합물을 채취하기 위해서 차가운 방법으로 사용하는 공법.

⑥ Exudation(침출법): 식물의 줄기에 상처를 내어 침출하는 분비물을 채취하는 방법.

⑦ Infusion(침적법): 19세기 이후 고농도의 알코올이 양산됨에 따라 알코올에 유향 물질을 침적시켜 우려내는 방법으로 동물성 향료에 주로 사용.

⑧ 향료의 용도

　a. 화장품

　　1. 향수류(Perfume, EdP, EdT, EdC, Shower Cologne etc.)

　　2. Skin care products

　　3. Make up

　　4. Hair care

　　5. Soap

　b. 생활용품

　　1. Powder detergents

　　2. Toothpaste, Mouth wash

　　3. Air freshener, 살충제 등

　c. 식·음료

　　1. Soft drink

　　2. Gum

　　3. Biscuits 등 Confectionery

　　4. Bakery

　　5. Canning

　　6. Condiments or Seasonings

　d. 의약품

e. 기호품(담배, 은단 등)

f. 페인트 산업

g. 환경 위생용, 생물용(사료, 유인, 기피) 등

⑨ 향수 · 향취의 Theme

향취(Fragrance Note)라 함은 음악에서의 음조나 음율과 같은 것으로 어떤 향의 냄새를 맡았을 때 Feeling이나 Description을 말한다.

향수라 해도 향료 성분의 차이에 따라 크게 7가지 타입으로 분류할 수 있는데 이는 가장 최근의 세계 공통적인 향취 분류법이다.

a. Citrus: Lemon, Bergamot, Orange, Mandarine, Lime 등의 감귤계 향료를 조합시킨 향취로 현대 감각의 상쾌한 Uni-sex Image를 갖고 있다.

b. Single Floral: Rose, Jasmin, Tuberose, Gardenia, Lilac, Orange Flower, Muguet 등 꽃 향을 주제로 조향한 것으로 젊음이 싱싱하게 넘쳐흐르는 Casual한 분위기가 특징.

c. Green Floral: Hyacinth 및 풀향의 Green한 느낌과 꽃 향을 조화시켜 Natural 느낌의 분위기를 느낄 수 있음.

d. Floral Bouquet: 여러 가지 꽃 향이 조화되어 달콤하고 우아한 느낌을 연출. 가장 많은 종류의 향수가 출시되었고 세계적 유행 추세이다.

e. Modern Floral: Floral Bouquet 골격에 Aldehyde의 Accent로 Rich 느낌의 Image를 주는 향조.

f. Chypre: Top Note는 Bergamot, Middle Note는 약하고, Base Note 는 Amber, Oakmoss, Woody골격의 향조로 조향하여 화려하고 개성 있는 여성다움을 느끼게 해 줌.

g. Oriental: Vetiver, Sandal Wood 등의 Woody Note, Vanillin, Peru Balsam 등의 Balsam Note, Sweet Note를 특징으로 갖고 Powdery등의 중후감과 고급감을 연출하며 Sexy함을 준다.

⑩ 향취 변화의 3 단계(3 Step Evaporation)

a. Top note: 향수를 맡았을 때 느끼는 맨 첫 번째 느낌, 최초 10분 정도의 향취느낌 향수 병마개를 열었을 때 처음 느낄 수 있는 향취로 어떻게 조향하

여 처음 느낌을 매력적인 향취로 이끌 것인가가 Creation에 있어 중요한 Point.

예) Citrus, Fruit, Green, Rustic(camphor like) note

b. Middle Note: Top Note가 휘발된 후 맡게 되는 향으로 여러 시간 지속되어진다.

다시 말해 향수의 종류에 따라 달라지는데 이것은 소비자가 기대하는 향으로 소비자에게 향수를 권할 때는 Top Note가 없어진 다음 향을 선택하도록 하는 것이 바람직하다.

예) Rose, Jasmin, Muguet, Lilac 등의 꽃 향과 Aldehyde, Galbanum, Geranuim etc.

c. Base Note(Dry-Out) : 마지막으로 남는 잔향으로 일반적으로 수일간 향취가 지속된다.

예) Mossy, Woody, Musk, Ambergris, Balsam, etc

⑪ 향수의 정의 및 필요성

a. 향수의 정의

향수용 조합향료와 향수용 알코올을 혼합하여 일정기간 숙성시킨 후 여과하여 포장 제품화한 것

b. 향수의 종류: 향료의 농도에 따라 다음과 같이 분류할 수 있다.

1. Shower cologne: 부향률(2%)
2. Eau de cologne: 부향률(4~5%)
3. Eau de toilette: 부향률(8~10%)
4. Eau de perfume: 부향률(10~15%)
5. Perfume: 부향률(20%)

c. 향수의 필요성

아름다움을 표현하는 방법에는 의상, 메이크업, 헤어스타일 등의 시각적 표현방법과 향수처럼 후각적인 표현 방법이 있다. 현대 생활에서 향수의 역할은 크게 두 가지 측면으로 볼 수 있는데,

첫째: 사용자의 기분을 좋게 해 줄 뿐만 아니라 주변 사람들에게도 즐거움을

줄 수 있는 역할 담당.

둘째: 여성의 사회 진출이 늘고 패션 감각이 세련됨에 따라 제4의 패션 기능. 즉, 향기의 예술 또는 액체의 보석이라고 하는 향수는 빛깔이나 형태가 없는 만큼 신비롭고 상대방에게 인상을 짙게 하는 호소력을 지니고 있어 최고의 액세서리라고 할 수 있다.

4) 우리나라의 향료 산업

① 향료산업이 발달한 유럽은 약 300년, 일본은 100년 정도의 역사.
② 국내 향료산업은 20-30년의 역사로 기술 및 원료 의존도가 높다.
③ 현재 국내에서 생산되는 향료 원료는 천연, 합성향료를 막론하고 전무.
④ 향료식물을 재배하기에 적합하지 않은 기후에 기인.
⑤ 향료 수요량의 미미함과 경제성 등으로 합성향료를 생산하지 않고 있다.
⑥ 최근 국내 기업에서도 의약품용의 고가 동물성 향료(사향)를 대체하기 위해 합성향료(l-muscone)를 개발했으나 경제성으로 사용에는 제약을 받고 있다.
⑦ 대부분의 원료를 수입하거나 조합된 향료를 수입하여 가공 또는 그대로 수요처인 국내 각사에 공급하고 있는 실정.
⑧ 국내향료 시장의 규모는 1억 3~4천만 달러이며 그 대부분을 유럽, 미국, 일본 회사가 차지하고 국내사는 약 10%(Fragrance), 20%(Flavor) 정도를 차지하고 있다.
⑨ 특히 일본계 향료회사의 비중은 30% 이상이며 특히 식품향에 있어서는 그 이상으로(약 50%) 이는 비슷한 식문화와 인종이며 지리적 이점과 취향이 비슷해 국내 소비자 입맛에 잘 어울리기 때문인 것으로 분석된다.
⑩ 국내 향료산업은 식품향과 향장향의 비율이 6:4 정도이다.

5) 에센셜오일 EO(Essential Oil)

에센셜오일은 주로 허브과식물의 꽃, 잎, 줄기, 뿌리, 껍질 등에서 정유를 추출한

100% 순수한 천연오일이다.

대부분의 정유는 수증기 증류법을 통해 얻어지며 시트러스 계열은 압착법이 이용되기도 한다.

그 외에 솔벤트 추출법, 이산화탄소 추출법 등 다양한 추출방법 등이 있다.

수증기 증류법은 뜨거운 물이나 수증기로 아로마 성분을 증발시킨 후 증발된 것을 냉각시킴으로 오일을 얻는 방법이다.

이때 냉각으로 얻어지는 액체는 에센셜오일과 부산물로 물이 많이 남게 된다.

여기서 얻어지는 물을 플로럴워터라 하며 스킨대용으로도 사용한다.

■ 에센셜오일 추출 방법

① 수증기 증류법

가장 일반적인 추출방법으로 가느다란 관이 달린 통 안에 스테인리스로 만들어진 입자가 고운 채 위에 증류할 식물을 올려놓고 물을 채운 후 물을 끓여서 수증기가 가느다란 관으로 올라가게 한다.

가느다란 관이 또 다른 냉각통 속을 통과하게 되는데 이때 수증기가 냉각되면서 액상으로 변화하게 된다.

액화된 증류수는 또 다른 통에 모이게 되는데 물보다 비중이 작은 에센셜오일은 물 위로 분리된다. 분리된 오일과 부산물인 물을 따로 채집하게 된다.

이는 3개월 이상 숙성시키므로 에센셜오일이 되고 오일이 조금 섞인 부산물인 물은 플로럴워터가 된다.

② 솔벤트 추출법

다른 추출법보다 고농도 추출법으로 식물을 휘발성 용재에 넣어 침적시킨 후 여기서 나온 액체로부터 수분을 증발시키고 얻어지는 게 고형 왁스 덩어리인데 이를 에탄올에 정제하여 에센셜오일을 추출하게 된다.

③ 이산화탄소 추출법

용매의 역할로 이산화탄소를 사용하게 되는데 이는 추출물로부터 용매제거가 깨끗하며 설령 잔류한다 하더라도 유해성이 없으며 저온, 고압력에 의해서 추출하기 때문에 성분의 변화가 다른 추출물에 비해 거의 없다.

추출부위별 종류와 특징

추출부위	종류	특징
나무	샌달우드, 시더우드, 로즈우드 등	살균효과와 피부재생에 좋다.
꽃	쟈스민, 로즈, 라벤더, 로즈마리 등	꽃 향을 그대로 전달해 준다.
열매	만다린, 그레이프 프르트 등	해독과 미백작용을 한다.
열매의 껍질	오렌지, 레몬, 라임, 감귤 등	노화피부에 도움을 준다.
잎	제라늄, 티트리, 타임, 페퍼민트 등	건조피부에 좋다.

■ 에센셜오일 취급 시 주의사항

- 에센셜오일은 반드시 그늘지고 서늘한 곳에 보관해야 한다.
- 가능하면 임산부나 수유 중일 때는 사용을 피하는 게 좋다.
- 에센셜오일은 농축된 오일이므로 피부에 직접 사용하지 않는다.

6) 에센셜오일 노트(note)의 이해

에센셜오일은 증발률에 따라 향 노트가 각기 다르므로 top note, middle note, base note 등의 향 노트를 구분하고 있다.

비누에 첨가되는 에센셜오일은 한 가지를 사용하는 것보다는 노트에 따라 2~3 가지를 혼용하여 사용하면 향이 오래 지속되며 오일의 효능을 상승시킨다.

■ 향의 증발 노트

탑 노트(Top Note)
휘발성이 높아 증발하기 쉽다. 20% 정도 혼합한다.
흡입 시 가장 빨리 향기를 느낄 수 있다.
따라서 향기가 오래 지속되지 않는다. (24시간 지속)

미들 노트(Middle Note)
혼합 시 중심이 되는 오일이다.
혼합량의 50~80%를 차지한다. (2~3일)

베이스 노트(Base Note)

향기가 가장 오래 남아서 고착제로 사용한다.

피부 깊숙이 침투하여 깊고 심오한 느낌을 준다.

5~10%로 작게 혼합한다. (향이 오래 지속됨)

에센셜오일의 종류와 특징(에센셜 오일 노트)

종류	노트	특징	주의
파인	middle	신선한 삼림 향기가 나는 파인은 리후레쉬 작용으로 정신적 피로가 쌓였을 때 도움을 주며 근육통 및 마사지오일로 사용된다.	민감성피부에 소량 사용
로즈	middle	모든 피부에 사용 가능한 오일이며, 여성 생체리듬을 조절하고, 심신을 젊고 활기차게 보존해 주는 여성을 위한 최고의 오일.	민감성, 알레르기에 소량 사용
로즈마리	middle	정서적으로는 머리를 맑게 해 주며 기억력을 증진시키고 피로, 두통 등을 해소시킨다.	고혈압 주의
제라늄	top middle	제라늄 특유의 향이 있으며 지성 알러지성 피부에 좋다.	민감성피부에 주의
쟈스민	base	민감하고 건조한 피부 및 불감증 무기력증에 좋다.	상처 난 부위에 사용하지 않는다
라벤더	top middle	스트레스 완화, 수면에 효과적이며 살균 효과. 탈모 치료에 좋음.	저혈압 임산부 사용자제
알랑알랑	base	지성이나 건성피부 관리에 효과적이며 우울증·두려움증에 신경계 증상도 효과적으로 진정시켜 주며 강장효과로 모발과 두피관리에도 사용된다.	장기간이나 고농도 사용은 신경계 질환을 유발시킴
백리향	base	류머티스, 통풍 등의 통증을 완화시키며 정서적으로 좋으며 비듬과 탈모에 효과가 있다.	고혈압 임산부 사용자제
케모마일	middle	모발에 효과가 있으며 항염증 아토피에 좋다.	임산부 사용 금지
티트리	middle	방부효과가 크며 다양한 트러블을 효과적으로 개선시킴.	민감한 피부 사용 자제
사이프러스	middle	수렴효과가 있으며 마사지오일로 많이 사용됨.	임산부 사용 금지
펜넬	top middle	노화피부에 좋다.	임산부 및 민감성피부 사용 자제
샌달우드	base	부드러우며 불안, 긴장, 우울증을 해소시켜 준다.	최음 효과 강함
마조람	middle	보습과 노화를 예방하며 피부를 윤기 있게 해 준다.	임산부 사용 금지

레몬	top	비타민이 많이 함유되어 있으므로 미백 및 각질 제거에 좋다.	민감성 피부에는 자제하는 것이 좋다
주니퍼베리	middle	지성피부에 효과적이며 피부염과 여드름에 좋다.	임산부 사용 자제
오렌지	top	여드름 및 노화피부와 모공을 청결히 해 준다.	아동, 임산부 자제
네롤리	middle	스트레스에 좋으며 불면증에 효과적이고 민감한 피부에 좋다.	고혈압, 저혈압 자제, 과다 사용 금지
만다린	top middle	어린이 피부에 좋으며 임산부가 마음 놓고 사용할 수 있으며 지성, 민감성 피부에 좋다.	과다사용 금지
그레이트 푸르트	top	살균 소독작용을 하며 중추신경을 안정시켜 준다.	광과만성 반응
바이올렛	middle	피부 진정작용을 하며 불면증에 도움을 준다.	임산부 자제
바베나	top	멜론처럼 달콤한 향.	민감성피부에 자극을 준다
시트로넬라	top	곤충이 싫어하며 해충퇴치 비누에 주로 사용된다.	임산부 자제, 과다사용 금지
히솝	middle	달콤하면서 세련된 향.	고혈압, 임산부 사용금지
주니퍼베리	middle	솔향기와 비슷한 향기를 내며 피부의 독성을 해소시킴.	신장이 안 좋은 사람 사용 금지

02

기초 수제비누 제조

Ⅰ
피부 기초지식

　인체에 사용되는 수제비누는 피부를 위해서 사용되는 매우 중요한 세정제다.
　피부를 이해하지 않고 인체용 세정제를 만든다는 것은 매우 위험한 일이며 함부로 시도해서도 안 될 것이다.

　잘못 만들어진 세정제는 피부의 변성을 초래할 뿐만 아니라 피부 트러블을 일으키는 등 노화촉진의 원인이 되기도 한다.

　피부는 인체의 표면에 둘러싸여 있으며 쉬지 않고 접촉하고 있는 외부환경의 대기오염 · 온도의 변화 · 자외선 등으로 부터 인체를 지켜주는 파수꾼 역할을 하고 있다.

　피부는 물리적, 미생물적, 화학적 자극에 인체를 보호하는 천연 장벽 역할을 하며 신체 표면을 완전히 덮고 있는 가장 큰 기관으로 바깥층에서 부터 표피(epidermis), 진피(dermis), 피하조직(subcutaneous tissue)의 3개 층으로 크게 나누어진다.

　부속기관으로는 모발, 피지선, 땀샘(에크린선), 모세혈관 등으로 구성되어 있다.
　피부는 인체에서 가장 넓은 구조와 다양한 종류의 조직으로 구성되어 있으며 성별, 체형 등에 따라서 달라지며 평균 면적이 1.5~2.0㎡에 달하고, 피부의 두께는 2㎜이며 가장 얇은 곳은 눈꺼풀이며 가장 두터운 곳은 손바닥과 발바닥이다.
　그리고 인체는 약 100조 개의 세포로 이루어져 있다.

1. 피부구조

1) 피부 구조

■ 표피 表皮(epidermis)

피부의 가장 바깥층에 덮여 있으며 모든 세포 중 가장 얇고 질기며, 단단하다.

표피는 피부의 보습 및 보호를 담당하는 중요한 기능을 하며, 조직의 수분 소실과 손상을 방어하고 세균의 침입을 방지한다.

표피는 각질층 · 투명층 · 과립층 · 유극층 · 기저층 등으로 이루어졌으며 핵이 있는 것과 없는 것으로 구분된다.

① 각질층(角質層)

각질층은 표피의 가장 바깥쪽에 위치해 있으며 생명이 없는 죽은 세포로 15~30겹의 세포층으로 덮여 있고 이들은 서로 단단히 붙어서 밀착되어 있으며 지방질 성분이 겹겹이 끼여 있다.

각질층의 맨 바깥층을 비늘층이라 하는데 비늘층이 표피로부터 쉬지 않고 불필요한 물질이나 세균들이 함께 방출되어 자연적으로 피부에서 떨어져 나가게 된다. 이렇게 떨어져 나가는 것을 표피박리 현상이라 한다.

각질층은 수분함량을 가지고 있으며 수분함량이 적어지면 각질층이 두꺼워지게 되고 피부결이 거칠어지며 피부노화를 촉진시키므로 적절한 수분함량을 유지시켜야 한다.

② 투명층(透明層)

2~3층의 생명력이 없는 무핵의 작고 투명한 세포로 구성되어 있고 빛을 차단하는 역할을 하며 각질층 바로 밑에 있으며 엘라이딘(Elaidin)이라는 단백질이 수분 침투를 방지하고 피부를 윤기 있게 해 준다.

③ 과립층(顆粒層)

과립세포로 형성되어 있으며 평형, 방추형세포 집단으로 2~5층의 세포로 구성되어서 손바닥이나 발바닥 같은 경우에는 상당히 많은 층으로 이루어져 있다.

과립층은 원형질 중에 수많은 케라토히알린이 포함된 층으로 각질화 작용이 시작되는 층이다.

각질효소인 케라토히알린이 많이 생성되면 피부의 퇴화가 시작되며 세포가 건조해진다.

케라토히알린의 주성분은 지질 · 단백질 · 당분 등이다.

④ 유극층(有棘層)

표피의 가장 두꺼운 층으로 5~10겹 정도로 이루어진 층.

세포의 표면에는 가시모양의 돌기가 있어 인접세포와 가시모양으로 서로 연결되어 있어서 극이 있는 층이라는 의미에서 "유극층" 또는 "가시층"이라 한다.

유극층에는 면역을 담당하는 랑게르한스세포 등이 있고 유극층의 다세포 사이에는 림프액이 있어서 피부에 영양공급과 혈액순환을 돕는다.

⑤ 기저층(基底層)

표피 중 가장 심층부에 있으며 진피와 경계선에 위치해 있다.

타원형으로 핵을 가지고 있으며 종자층 · 배아층이라고도 하며 물결모양의 단층이다.

기저층에서는 세포분열이 일어나며 색소형성세포가 기저세포 사이에 분포되어 있어 피부색을 만들고 자외선으로부터 피부를 보호하는 역할도 담당한다.

기저층의 수분함량은 60~70%이며 폐하는 pH 7.2 정도이다.

기저층에서 최초로 만들어진 세포는 위로 밀려 올라가면서 유극층 · 과립층에 도달하게 되며 과립층의 최상부에 도달하면 세포에 영양공급이 되지 않아 표피세포는 자연히 죽게 되는데 소요되는 시간은 약 14일 정도 경과된다.

죽은 세포는 기저층의 세포분열로 인해 더욱 위로 밀려 올라가서 각질층의 비닐층을 형성하게 되며 각질층에서는 죽은 세포가 약 14일 정도 되면 불필요한 물질이나 세균들과 함께 방출되어서 자연적으로 피부에서 떨어져 나가게 된다.

살펴본 바와 같이 인체의 피부는 우리가 쉬고 있는 동안에도 끊임없이 새로운 세포를 만들고 있다.

생성된 세포가 피부 바깥쪽으로 밀려 올라가면서 죽은 세포들이 피부 바깥쪽인 표면에 쌓여서 떨어져 나가게 되는데 그 과정에는 대략 28일 정도 소요된다.

각질층은 피부 보호 및 조직의 수분 손실을 방어하고 세균의 침입을 방지하는 역할도 하고 있지만 지나치게 쌓이면 새로운 피부 세포를 만드는 과정에 문제가 생겨 피부 트러블의 원인이 된다.

■ 진피 眞皮(corium)

피부의 주체를 이루고 있으며 표피두께의 15~40배 정도의 두꺼운 층으로 피부의 대부분을(90% 이상) 차지한다.

외부의 신호를 전달하는 역할을 담당 하며 유두층과 망상층으로 구분된다.

① 유두층

유두상태의 돌기는 작은 방주형으로 표피를 향하여 돌출해있는 혈관과 신경계가 있다.

코의 피부와 혀에 특히 발달해 있다.

② 망상층

유두층의 연장으로 탄력이 있는 섬유질 조직이다.

지방세포, 혈관, 신경, 임파관, 모낭, 땀샘으로 구성된다.

진피에는 콜라겐, 엘라스틴이 존재하여 피부탄력(주름)에 중요한 역할을 한다.

망상층은 표피 아래에 있는 섬유성 결체조직으로 표피를 지지하며 탄력성이 있고 유연하다.

섬유성 결체조직에는 신경, 혈관, 한선, 피지선과 모낭이 있으며 알레르기 반응에 관계하는 비만세포도 존재하며 조직에 산소와 영양을 공급해 주고 혈관들은 이산화탄소와 노폐물을 제거한다.

* 진피의 3대 성분
    - 콜라겐(교원섬유), 엘라스틴(탄력섬유), 히알루론산(보습)

■ 피하조직(subcutaneous tissue)

진피 안쪽에 있으며 다량의 지방을 함유한 조직.

혈관·림프관·신경·등 외부의 압박에 잘 견딜 수 있는 역할을 한다.

2) 피부의 기능

피부의 가장 큰 기능은 보호(protection)기능이다.

외부의 영향으로부터 내부기관을 보호하고 신체의 작용을 주위의 변화에 순응시키는 역할을 하며 항상 신체 내부의 작용과 연결되며 생명 유지에 중요한 역할 한다.

피부의 기능은 보호작용, 지각작용, 배설 및 분비작용, 체온조절작용, 호흡작용, 비타민 D의 생산 및 흡수작용, 면역작용 등 일곱 가지로 분류하여 나눌 수 있다.

① 보호작용(保護作用 protect action)
  피부는 물리적·미생물적·화학적 자극에 인체를 보호하는 천연 장벽 역할을 한다. 신체의 세균 침입은 피부가 건강하고 완전할 때 막을 수 있다.
  피부 표면은 약산성(pH 4.5~6)으로 되어 있으므로 산(酸)을 과다하게 접하게 될 경우에 단백질이 용해되기 때문에 깊은 곳까지 장해가 미치는 경향이 있다.
② 감각·지각작용(知覺作用 sensory action)
  피부는 예민하게 감각과 지각 작용을 한다.
③ 배설 및 분비작용(excretory or sensory action)
  체내의 노폐물, 땀, 나트륨과 질소노폐물 등을 땀으로 배설하고 피지샘에서 분비된 피지는 피부 표면에 얇은 지방막(脂肪膜)을 만들어서 수분의 침입 등을 막고 피지를 분비하여 피부를 매끄럽게 한다.
④ 체온조절작용(heat regulation action)
  환경이나 주위의 기온상태 변화에 맞추어 발한이나 피부혈관의 확장 및 수축에 의하여 열 발산을 조절하여 체온을 일정하게 유지한다(더울 땐 땀의 분비로 체온을 낮추어 준다).
⑤ 호흡작용(respiration action)
  인체의 코와 입 외에 13%의 호흡을 하고 있다. 이것을 피부호흡이라 한다.
⑥ 비타민 D의 생산 및 흡수작용(Production and absorption of vitamin D)
  자외선은 피부에 있는 비타민 D 물질을 활성화시킨다.

비타민 D의 결핍으로 불러오는 질병이 사회적으로 큰 문제로 대두되고 있다.

최근 어느 보고서에 의하면 겨울철에 젊은 사람이 약 30%, 50대 이상의 사람들이 40% 정도의 비타민 D의 결핍증상을 확인했다는 임상 결과가 있다.

비타민D는 고등어 등 '등 푸른 생선'에 다량으로 함유되어 있고, 달걀노른자와 표고버섯 등에도 많은 것으로 알려져 있다.

⑦ 면역작용(Immune action)

표피 유극층의 랑게르한스(Langerhans cell)세포가 면역작용을 함.

2. 피부의 부속기관

피부의 부속기관은 모발, 피지선, 땀샘(에크린선), 모세혈관 등으로 구성되어 있다.

■ 인체의 피부구조 모발(hair)

모발은 0.07㎜의 두께로 피부표면에 나와 있는 단백질의 구조물로 모간(毛幹)과 피부 내부에 있는 모근(毛根)으로 형성되어 있다.

모근의 아래쪽의 둥근 부분을 모구(毛球)라하며, 모구와 맞물려지는 부분으로 모세혈관과 신경이 분포되어 산소와 영양이 공급되는 부위를 모유두라 한다.

모근은 보통 1~2㎜의 깊이로 두피 속에 고정되어 있다.

모발은 하루에 0.35㎜ 정도 자라고 그 수는 약 10만 개 정도 된다.

또한 모구의 크기에 따라 모발의 굵기가 결정되며 같은 굵기의 구리선보다 인장 강도가 강하다.

모발은 모유두가 없으면 생성되지 못하며 모유두의 수는 태어날 때 결정된다.

모유두는 모발을 만드는 기관이기도 하지만 일생 동안 계속 활동하지 않는다.

어느 정도 활동을 계속하다가 일시적으로 활동을 멈춘다. 이를 모주기라 한다.

따라서 모발은 일정한 주기를 갖고 성장하고 빠지며 동일한 모낭에서 계속 다른 종류의 모발을 생산한다.

모발은 손톱처럼 일생 동안 계속 자라는 것이 아니라 일정 기간 동안만 성장하다가 빠져나가고 빠져나간 바로 그 자리에서 다시 새로운 성장주기가 시작된다.

이 성장주기를 모주기라고 하며 성장기, 퇴행기, 휴지기, 발생기의 4단계로 구분한다.

성장기

모구 부분에서 세포분열이 활발한 시기로 하루 평균 0.35㎜의 성장을 하는 모발이며 정상적인 사람은 80~90%의 성장기를 가지고 있고 모주기 대부분인 3~6년 기간 동안 성장한다.

퇴화기

모발이 주기를 다하고 세포분열이 저하되어 모발이 매우 느리게 자라는 시기이며 퇴하기는 2~3주 정도 된다.

휴지기

모발이 세포분열을 끝내고 정지되는 시기로 3~5개월 정도 된다.

세포분열이 끝났다고 해도 이미 성장된 모발은 모근의 힘으로 약 3~5개월 정도 두피에 붙어 있다가 서서히 밀려서 이탈하게 된다.

발생기

모낭에 둘러싸인 모구부가 모유두와 결합하면서 세포가 다시 분열하기 시작하는 성장기의 초기 상태이다.

새로운 모발이 발생하고 성장함에 따라 휴지기의 모발은 모공 밖으로 밀려 나가게 된다.

■ 피지선(sebaceous gland)

기름샘이라고도 하며 피부표면에 피지를 분비하는 부속기관으로 진피층에 있다.

피부표면에 지질을 분비하며, 모발에 윤기를 주고 체온의 저하를 막아 준다.

손바닥, 발바닥을 제외한 전신의 피부에 존재하며 신체의 부위에 따라 형태, 크기, 분포가 달라진다.

피지는 모포(毛胞, trichocyst)로부터 측면 압박을 통하여 피지가 생성되며 하루 평균 1~2g의 피지를 모공을 통하여 밖으로 내보낸다.

피지가 모공을 통하여 밖으로 배출되지 못하고 일종의 피지덩어리인 코메도가 모낭 속에 갇혀 있으면 세균에 감염되어 화농을 일으킨 것이 여드름이다.

모낭 속은 습도, 온도, 영양학적으로 세균들이 생존, 번식하는데 최상의 여건을 제공 한다.

윗입술, 구강점막, 유두, 눈꺼풀 등은 모낭과 무관하게 존재하며 독립피지선이라 한다.

피지선은 세균이나 곰팡이균을 방어해 주며 갱년기가 되면서 분비기능이 약해진다.

■ 땀샘

땀샘은 피부의 진피층에 있으며 포유류에만 존재하고 인체에 약 200~400만 개가 형성되어 있으며 땀을 분비한다.

땀샘의 주위에는 모세혈관으로 둘러싸여 있으며, 혈액으로부터 걸러진 노폐물과 물이 모세혈관으로부터 땀샘으로 보내져 땀이 생성하게 된다.

땀의 분비량은 하루에 약 500~700㎖ 정도 되며, 한 여름에 운동을 할 때에는 거의 10L 가량 분비되기도 한다.

땀샘은 노폐물과 수분을 몸 밖으로 배설하며 피부 주위의 열을 흡수하여 증발시키므로 체온을 낮추어 우리 몸의 체온을 일정하게 유지시켜 준다.

■ 모세혈관

지름 8~20㎛이며 소동맥(小動脈)과 소정맥(小靜脈)을 연결하는 그물모양의 가는 혈관으로 온몸의 조직 내부에 그물처럼 얽혀 있으며 심장과 동맥을 거친 혈액은 모세혈관을 통해서 신체의 조직에 산소와 영양을 공급한다.

Ⅱ

비누 베이스 만들기

비누 베이스는 지방산을 가성소다수(수산화나트륨 희석액)로 반응시켜서 1차 비누화 시킨 후에 PG 등 용제를 첨가하여 계속적인 고온에서 비누화된 제조물을 다시 용해시키며 제조된다.

일반적으로 비누 베이스는 투명 비누 베이스가 대표적이다.
그러나 투명도를 높이기 위해서 투명용제를 과다 사용하게 되면 비누의 생명인 순 비누분이 적어짐으로 인해서 비누의 품질이 저하되는 원인이 된다.

순 비누분이란 비누 베이스를 제조할 때 사용되는 유지의 함량이며 관계기관에 시험 성적을 의뢰하면 나타나는 건조 중량(g)이기도 하다.
기본적으로 비누 베이스의 순비누분 함량(건조 중량)은 50% 이상 되어야 한다.
순비누분 함량이 적은 MP비누를 사용하면 사용 기간이 짧고 사용 도중에 쉽게 물러진다.

일반적으로 비누 베이스 제조기술이 난해하고 어려워서 이미 다른 사람에 의해서 제조되어 있는 비누 베이스를 구입하여 이를 녹여서 첨가제 등을 넣어서 비누를 재가공하게 되는데 이를 MP비누 간접 제조법이라 한다.

MP비누 간접 제조법으로 제조된 비누는 다른 사람에 의해서 1차 가공된 비누 베이스를 주원료로 사용하기 때문에 어떤 원료로 어떻게 만들었는지 알지 못할 뿐 아니라 본인이 원하는 비누를 만들기엔 불가능하다.

비누 베이스(Soap base)는 말 그대로 비누의 기초이고, 토대이며, MP비누의 품질을 결정짓는 모체이다.

본서에 비누 베이스 제조방법은 일반 비누 베이스와 투명도를 높게 나타내는 크리스탈 비누 베이스 두 종류의 제조법을 기술했다.

1. 비누 베이스 원료 구성

비누 베이스를 제조하기 전에 이를 구성하고 있는 원료의 종류와 특징 등을 자세하게 숙지해야 임의대로 레시피를 작성할 수 있다.

비누 베이스 원료의 구성
1) 유지 구성, 2) 가성소다수 제조, 3) 용제 구성, 4) 첨가제 구성

1) 유지 구성

- 포화지방산(fatty acid): 스테아릭산, 팔미스틱산, 미리스틱산, 라우릭산
- 불포화지방산(unsaturated fatty acid): 올레산
- 오일(oil): 피마자오일

유지	유지 종류	특징
스테아릭산	포화지방산	단단함, 컨디셔닝
팔미스틱산	포화지방산	거품유지, 단단함, 컨디셔닝
미리스틱산	포화지방산	보습, 조밀한 거품, 세정
라우릭산	포화지방산	세정, 큰 거품
올레산	불포화지방산	안정된 보습
피마자오일	오일	유리알칼리 중화, 보습

비누 베이스를 제조할 때 사용되는 포화지방산은 스테아릭산, 팔미스틱산, 미리스틱산, 라우릭산 4종류다.

스테아릭산과 팔미스틱산은 팜유에서 그리고 미리스틱산과 라우릭산은 코코넛유에서 유래된 흰색 분말이다.

올레산은 라틴어 기름에서 유래된 이름이며 올리브에 포함되어 있으며 주성분은 오메가-9 불포화지방산이다.

피마자오일은 피마자 씨앗에서 얻은 유지이며 주성분은 리시놀레인이다.
리시놀레인은 피부자극을 완화시키는 역할을 한다.

2) 가성소다수 제조

수산화나트륨을 수돗물에 희석시킨 용액을 가성소다수라 한다.

가성소다수 제조(A + B = 가성소다수)

A: 유지별 비누화 값을 계산하여 얻어진 수산화나트륨의 중량(g)
B: 유지 총량대비 36%의 수돗물 중량(g)

(표 5)

지방산	비누화 값
스테아릭산(Stearic Acid)	0.148
팔미틱산(Palmitic Acid)	0.153
미리스틱산(Myristic acid)	0.176
라우릭산(Lauric Acid)	0.195
올레산(Oleic acid)	0.136
피마자유(Castor oil)	0.129

비누화 값=유지 1g으로 비누를 만드는데 사용되는 수산화나트륨의 중량(g)

표 5처럼 유지마다 고유의 비누화 값이 있다.

그러나 본서에서 비누 베이스를 제조할 때 CP비누 제조 방법처럼 오일별 비누화 값을 계산하거나 또는 디스카운트(discount), 슈퍼펫(superfat)을 적용하지 않고 지방산 총중량에 대비해서 14%의 수산화나트륨을 사용한다.

예) 스테아릭산 300g + 미리스틱산 300g + 팔미틱산 300g + 라우릭산 300g
   + 올레산150g + 피마자오일 150g = 1,500g
   1,500g × 0.14(14.%) = 210g (비누화 값)
   수산화나트륨의 양은 210g

수산화나트륨의 양이 구해지면 가성소다수를 제조하기 위해서 수돗물을 준비한다.
가성소다수는 수산화나트륨이 희석된 용액이다.

가성소다수를 제조할 때 계량된 수돗물에 계량된 수산화나트륨을 넣고 균질하게 섞어서 충분히 용해된 후에 사용한다.

수돗물의 양은 유지 총량 대비 33~40%를 사용하는데 바람직하게는 36%를 사용한다.

■ 정제수와 수돗물

- 정제수

물을 가열했을 때 발생되는 수증기를 냉각시켜서 얻는 물·병원성 미생물 등을 물리적 또는 화학적으로 세균이 살균된 맑은 초순수의 물.

- 수돗물

ph 7의 살균된 음용수

보편적으로 수돗물이나 기타 생수 등에는 각종 무기물과 유기물을 함유하기 때문에 순수하지 못하다 하여 수산화나트륨 녹이는 물을 정제수로 사용한다.

그러나 수돗물은 ph 7의 중성이며 살균된 음용수이기 때문에 정제수 대신 안전하고 편리하게 사용할 수 있다.

필자가 최초로 수산화나트륨 녹이는 물을 정제수 대신 수돗물 사용을 주장해 왔으나 예상치 못한 이견이 분분했었다.

이유인즉 비누를 제조할 때 수산화나트륨 녹이는 물로 수돗물을 사용하면 칼슘·마그네슘 등의 중금속이 함유되어 있어서 비누를 만들어서 사용하면 피부의 모공이 막히거나 유해하기 때문에 정제수를 사용해야 한다고 한다.

수돗물은 ph 7의 중성이며 살균된 음용수이다.
그리고 관계기관에서 주기적으로 수질검사를 철저히 하고 있으며 필자가 수돗물을 사용하여 비누를 제조하고 관계기관에 시험성적을 의뢰하면 납·수은 기타 유해물질이 조금도 검출되지 않았다.

예를 들어서 정제수를 사용해서 비누를 만들었다고 가정하면 제조된 비누를 정제수에 사용해야 주장하는 이치가 맞겠지만 비누는 수돗물에 사용하게 된다.

비누를 사용할 때 수돗물을 사용할 수밖에 없기 때문에 비누를 만들 때 사용되는 정제수는 아무런 의미가 없다.

그러나 비누처럼 씻어내는 제형이 아닌 피부에 바르는 제형을 제조할 때는 반드시 정제수를 사용해야 한다.

> 가성소다수를 제조할 때 사용되는 용기는 내열용기 또는 스테인리스 용기를 사용해야 합니다. 수산화나트륨은 인체에 위험하고 유해한 가스가 발생되기 때문에 환기가 잘되는 곳에서 바람을 등지고 보호 장구를 착용해야 합니다.
>
> 수산화나트륨에 수돗물을 넣으면 폭발 위험성이 있으므로 반드시 가성소다수를 제조할 때 수돗물에 수산화나트륨을 넣어서 용해시켜야 합니다.
>
> 수돗물에 수산화나트륨을 넣고 반응시키면 화학반응으로 인하여 90℃ 이상의 온도로 상승됩니다. 수산화나트륨이 모두 용해되도록 스테인리스 도구나 스푼 등으로 잘 저어 주면서 온도를 낮추어 줍니다.
> 가성소다수의 온도가 60~70℃ 정도로 떨어지면 흐리고 뿌옇던 가성소다수의 색이 맑아집니다.

3) 용제 구성

비누 베이스를 제조할 때 유지를 가성소다수로 비누화 반응시킨 후에 제조물을 계속 고온으로 유지 시키며 용제를 첨가한다.
비누 베이스를 제조할 때 용제의 함유량은 유지 함유량과 거의 같은 중량(g)으로 계량한다.

■ 사용되는 용제

프로필렌글리콜(Propylene Glycol) · 트리에탄올아민(Triethanolamine) · 솔비톨 또는 솔드액(SD)

- 프로필렌글리콜

    투명한 무색의 액체이며 제약, 식품, 화장품산업에 다양한 용도로 사용된다.

    용매 역할을 하며 다른 용제와 호환성이 좋다.

    미생물의 성장을 억제시킴, 보습효과, 완성된 제품의 보존성을 높임.

- 트리에탄올아민

    수상층과 유상층을 잘 섞이게 한다.

- 솔비톨

    보습과 점성이 있으며 완성된 제품의 보존성을 높임.

- 솔드액

    보습과 점성이 있으며 방부의 효과가 있다.

용제의 특징

원료명	특징
프로필렌글리콜	유지를 녹이며 잘 섞이게 함, 용해
트리에탄올아민	유화, 분산
솔드액 또는 솔비톨	보습, 점성, 투명

4) 첨가제 구성

알란토인(Allantoin), 디소듐이디티에이(Disodium EDTA), 구연산(Citiric acid), 우레아(Urea)

- 알란토인

    피부에 수분을 주고 민감한 피부를 보호하는데 도움이 된다.

    아토피 · 각질 제거 · 가려움증에 효과가 있어서 의약품 · 화장품 등에 사용된다.

- 디소듐이디티에이

   산화방지 · 변색방지 · 금속이온봉쇄제로 사용되며 제형을 제조할 때 생기는 금속이온(나트륨 · 미네랄 등)과 결합하여 제형의 품질저하 · 산패 및 부식 등 침전물 방지에 사용됨.

- 구연산

   방부제 역할을 하며 pH수치를 낮춘다.

- 우레아

   동의어로 요소라고도 한다.

   피부를 부드럽게 하는 연화제 역할과 함께 비누의 제형을 단단하게 한다.

2. 비누 베이스 레시피 구성 방법

비누 베이스를 제조하기 전에 가장 먼저 레시피(recipe)를 작성한다.
레시피를 어떻게 작성하는가에 따라서 비누 베이스 품질이 결정된다.
비누 베이스 품질이 좋아야 MP비누의 품질을 높일 수 있다.
비누 베이스는 1차 가공된 반제품이자 MP비누의 모체다.

레시피를 작성할 때 제조할 비누 베이스 중량을 결정한 후에 유지와 가성소다수 그리고 용제와 첨가물 순서로 작성한다.

구성하고자하는 레시피는 팜과 코코넛계열의 포화지방산과 불포화지방산인 올레산 그리고 피마자오일을 주원료로 선택했다.
방부제와 거품제 및 경화제 등은 배제시키고 포화지방산과 불포화지방산 그리고 오일이 가지고 있는 주요 성분과 기능을 충분히 발휘하여 품질이 높은 비누 베이스를 제조하는데 주력했다.

비누 베이스 원료구성 등의 내용을 모두 간략하게 기술했습니다.
충분한 설명이 없어서 처음 비누 베이스를 제조하시려는 분께는 매우 당황스러운 내용일 것입니다.

그러나 익숙해지기 위해서 첫 만남의 인사 정도로 생각하시면 됩니다.
이해도를 높이고 명확한 전달을 위해서 지금부터 작성된 비누 베이스 레시피에 의해서 원료의 구성방법과 특징 등을 상세하게 설명합니다.
꼭 반복 연습하시면 레시피를 직접 작성하는데 많은 도움이 됩니다.

■ 비누 베이스 레시피

원료	중량(g)	원료	중량(g)
스테아릭산	150	수돗물	180
팔미스틱산	50	프로필렌글리콜	200
미리스틱산	100	트리에탄올아민	200
라우릭산	150	솔드액	150
올레산	25	알란토인	3.9
피마자유	25	구연산	6.5
수산화나트륨	70	우레아	9.1

총량: 1,319.5g

1) 유지 설명

지방산 특징

지방산 사슬	지방산	특징
C18:0	스테아릭산 Stearic Acid	단단함, 컨디셔닝
C16:0	팔미틱산 Palmitic Acid	단단함, 컨디셔닝, 거품유지
C14:0	미리스틱산 Myristic Acid	세정, 보습, 작고 조밀한 거품
C12:0	라우릭산 Lauric Acid	세정, 굵고 풍부한 보습

포화지방산의 특징
탄소사슬이 길면 비누가 단단해지는 반면에 짧을수록 거품이 많이 일어난다.
보편적으로 거품이 많이 날수록 피부에 자극성이 높아지고 거품이 줄어들수록 자극이 낮아진다.

불포화지방산과 오일의 특징

유지 종류	유지	특징
불포화지방산	올레산 (Oleic Acid)	안정적인 보습
오일	피마자오일(Castor Oil)	유리알칼리 중화, 보습

비누 베이스로 선택한 유지의 함량과 특징

유지 종류	유지 중량(g)	특징
스테아릭산	150	단단함, 컨디셔닝
팔미틱산	50	거품유지, 컨디셔닝
미리스틱산	100	세정, 조밀한 거품
라우릭산	150	세정, 큰 거품
올레산	25	안정된 보습
피마자오일	25	유리알칼리 중화 굵은 거품

유지함량 500g

레시피에서 선택한 원료와 함량을 분석하면 아래와 같다.

1. 풍부한 거품과 세정   (라우릭산, 미리스틱산):   50% 250g
2. 단단함과 컨디셔닝   (팔미틱산, 스테아릭산):   40% 200g
3. 안정된 보습과 유리알칼리중화 (올레산. 피마자오일):   10% 50g

거품이 풍부하고 세정의 효과가 있는 지방산을 50%, 컨디셔닝과 비누를 단단하게 만드는 지방산은 40% 그리고 보습과 유리알칼리를 중화시키는 불포화지방산과 오일을 각기 5%씩 10%로 레시피 했다.

미리스틱산과 라우릭산은 세정과 거품을 만드는 지방산이지만 불포화지방산이나 오일에 비해서 비누의 경화도를 높여 주기 때문에 바람직한 레시피다.

그러나 거품을 더 많이 발생시키기 위해서 미리스틱산과 라우릭산을 많이 사용하게 되면 피부에 자극을 줄 수 있다.

2) 가성소다수 설명

> 수산화나트륨과 이를 희석시키는 수돗물은 유지 총량 500g에 대비해서 중량을 구한다.

수산화나트륨 70g
수돗물 180g

수산화나트륨의 중량은 유지 총 중량대비 14%이므로 70g, 그리고 수산화나트륨을 희석시키는 수돗물의 중량은 유지 총 중량대비 36%이다.

유지 총량 500g × 0.14(14%) = 70g(수산화나트륨)
유지 총량 500g × 0.36(36%) = 180g(수돗물)

가성소다수 중량: 250g

3) 용제 설명

> 용제는 지방산 총량 500g에 대비해서 중량을 구한다.

용제의 중량은 유지 총 중량과 같거나 유지 총 중량의 10% 이상을 초과하지 않아야 한다.

용제는 유지 총량에 대비해서 중량을 구한다.
프로필렌글리콜은 유지 총량대비 40% (유지 총량 500g × 0.40(40%)) = 200g
트리에탄올아민은 유지 총량대비 40% (유지 총량 500g × 0.40(40%)) = 200g
솔드액 유지 총량대비 30% (유지 총량 500g × 0.30(30%)) = 150g
용제 총량: 550g

비누 베이스 순비누분 함량

(관계기관에 시험성적을 의뢰하면 순비누분 함량은 건조 중량으로 표기된다.)
- 본 레시피의 비누 베이스 건조 중량 50% 이상
- 크리스탈 비누 베이스 건조 중량 50% 이하
- SP비누 베이스 건조 중량 65% 이상

필자가 15년 전부터 MP비누의 순비누분 함량의 중요성을 의미 깊게 강조했습니다.
순비누분은 비누가 가지고 있는 유지의 함량입니다.
불과 몇 년 전에 100g 중량의 MP비누를 만들어서 관계기관에 시험성적을 의뢰하면 건조 중량이 90~92g정도로 나타났습니다.
그러나 지금은 그렇지 않습니다.
비누 베이스를 구입해서 100g 중량의 MP비누를 만들어서 관계기관에 시험성적을 의뢰하면 건조 중량이 40~45g 정도로 표기됩니다.
건조 중량은 순비누분 함량과 같습니다.

4) 첨가제 설명

첨가제는 유지, 가성소다수 그리고 용제를 모두 더한 값에 대비해서 중량을 계산한다.

지방산(500g) + 수산화나트륨(70g) + 수돗물(180g) + 용제(550g) = 1,300g

- 첨가제 함량 구하는 방법

첨가제	첨가 중량(g)	첨가량(%)
알란토인	3.9	0.3
우레아	9.1	0.7
구연산	6.5	0.5

모두 합계량 = 유지 + 수산화나트륨 + 수돗물 + 용제
알란토인은 모두 합계량의 0.3%   (1,300g × 0.3% = 3.9g)

우레아는 모두 합계량의 0.7%   (1,300g × 0.7% = 9.1g)

구연산은 모두 합계량의 0.5%   (1,300g × 0.5% = 6.5g)

3. 비누 베이스 제조

■ 준비할 도구

  핫플레이트 · 저울 · 온도계 · 시약스푼 · 알뜰주걱 · 비누몰드 · 스테인리스 비커 2개 · 스프레이 용기 · 에탄올

■ 준비할 원료

  수돗물 · 스테아릭산 · 팔미틱산 · 미리스틱산 · 라우릭산 · 올레산 · 피마자유 · 프로필렌글리콜 · 트리에탄올아민 · 솔드액 · 수산화나트륨 · 우레아 · 알란토인 · 구연산

■ 만드는 방법

① 유지와 여러 종류의 용제 그리고 첨가물 등을 각기 다른 용기에 계량하여 준비한다.

② 수산화나트륨과 수돗물을 계량하여 가성소다수를 제조한다.

③ 계량된 유지를 내열용기에 담아서 핫플레이트에 올려놓고 80~90℃로 가온하여 녹인다.

④ 제조된 가성소다수의 온도를 60℃ 이하로 낮추어서 녹아 있는 유지에 천천히 부으면서 균질하게 젓거나 교반하여 반응시킨다.

⑤ 뻑뻑하게 반응되면 80~90℃에서 PG를 넣어 주고, 반응된 제조물을 균질하게 젓거나 교반하며 반응된 제조물을 녹인다.

⑥ 약 5분 경과 후에 80~90℃에서 TEA를 넣고 균질하게 젓거나 교반한다.

⑦ 제조물에 덩어리가 없도록 충분히 녹이며 80~90℃에서 SD를 넣고 균질하게 젓거나 교반한다.

⑧ 70~80℃에서 첨가제를 넣어 주고 10~20분가량 천천히 젓거나 교반한다.

⑨ 제조물이 맑고 투명해지면 비누제조물을 몰드 등에 붓는다.

⑩ 실온에서 비누 제조물이 굳으면 비누몰드와 분리시킨다.
⑪ 비누몰드에서 분리된 비누를 포장하거나 사용한다.

※ 보충설명

1. 레시피를 보면서 유지, 수산화나트륨, 수돗물, 용제, 첨가제 등을 각기의 용기에 계량하여 미리 준비한다.
2. 가성소다수를 제조할 때 안전을 위해서 안전장구를 갖추고 반드시 바람을 등지고 작업해야 한다.
   수산화나트륨은 유독성 물질이며 유독한 암모니아 가스가 발생되며 물과 반응시키면 고열이 발생하기 때문에 화상에 주의해야한다.
   특히 수산화나트륨은 부식성이 강한 물질이기 때문에 가성소다수를 제조할 때 용기는 스테인리스 용기, 유리 용기 등 내열 용기를 사용한다.
   계량된 수돗물에 계량된 수산화나트륨을 붓고 균질하게 저어서 녹이며 가성소다수를 제조한다.

> 가성소다수를 제조하기 위해서 수산화나트륨을 물에 용해시키면 화학반응으로 인하여 고열이 발생하기 때문에 냉각되는데 상당한 시간이 소요됩니다.
> 따라서 비누 베이스 또는 비누를 제조할 때 유지를 녹이기 전에 반드시 가성소다수를 먼저 제조하는 순서로 작업합니다.

3. 유지를 담는 용기는 유지 총량 부피의 ⅔ 정도 여유가 있는 큰 용기를 사용한다.
   그리고 스테인리스 용기 및 유리용기 등 내열 용기를 사용한다.
   스테아릭산·팔미틱산·미리스틱산·라우릭산·올레산·피마자유를 순서와 상관없이 용기에 넣고 핫플레이트, 또는 가스레인지에서 80~90℃ 정도로 가온하여 녹인다.
   잘 녹을 수 있도록 균질하게 젓거나 교반한다.
4. 미리 제조한 가성소다수의 온도가 20~60℃ 되었을 때 상기 3의 녹아 있는 유지에 천천히 부으면서 젓거나 교반한다.

이때 녹아 있는 유지의 온도는 80~90℃이며 가성소다수의 온도는 20~60℃가 적당하다.

젓거나 교반하면 흰 구름 같은 모양으로 부풀어 오르거나 서로 엉키게 된다.

가성소다수가 보이지 않을 때까지 균질하게 섞어서 유지와 반응시킨다.

5. 80~90℃를 계속 유지하면서 제조물에 PG(프로필렌글리콜)을 붓고 약 5~10분 정도 균질하게 젓거나 교반한다.

  덩어리 같았던 제조물에 프로필렌글리콜을 붓고 균질하게 교반하면 천천히 용해된다.

6. 제조물이 약간의 점도가 일어날 정도 되면 TEA(트리에탄올아민)를 붓고 약 5~10분 정도 균질하게 젓거나 교반한다.

  제조물에 TEA를 붓고 젓거나 교반하면 제조물이 균질하게 분산된다.

  제조물의 온도는 80~90℃를 유지한다.

7. 솔드액(SD)또는 솔비톨 중 하나를 선택하여 제조물에 붓고 약 5~10분 정도 균질하게 젓거나 교반한다.

  제조물의 온도는 80~90℃를 유지한다.

8. 계량된 첨가제 알란토인을 최소량의 수돗물에 붓고 충분히 녹여서 제조물에 붓는다.

  이때 제조물의 온도를 조금 낮추어서 70~80℃를 유지한다.

9. 계량된 첨가제 구연산과 우레아를 순서와 상관없이 제조물에 조금씩 뿌리며 녹인다.

  이때 제조물의 온도는 70~80℃를 유지시킨다.

10. 가온을 중지하고 약 10~20분간 천천히 균질하게 제조물을 젓거나 교반한다.

11. 제조물이 맑고 투명해지면 비누몰드에 붓는다.

  이때 거품이 생기면 에탄올을 분무기 통에 담아서 제조물에 분사하면 거품이 없어진다.

12. 3시간 후에 비누몰드와 비누 제조물을 분리한다.

13. 비누몰드와 분리된 제조물은 MP비누 또는 SP비누를 제조할 때 베이스로 사용할 수 있다.

필자가 포뮬레이션한 레시피와 제조방법에 의해서 비누 베이스를 직접 제조하셨다면 여느 비누 베이스와 비교해도 품질 면에서 조금도 손색이 없을 것 입니다.

일반적으로 비누 베이스를 제조할 때 코코넛 계열의 지방산 가격이 비싸기 때문에 저렴한 지방산을 사용하고 거품제 계면활성제를 다량 첨가하여 제조되는 성향이 있습니다.

그러나 품질이 높은 비누는 유지와 수산화나트륨이 반응되어서 얻어지는 순수한 물질이며 거품이나 세정면에서도 기타 계면활성제를 첨가한 비누와 현저하게 품질의 차이가 납니다.

크리스탈 투명 비누 베이스 만들기

투명 비누 베이스의 투명도가 높으면 크리스탈 투명 비누 베이스라고 한다.

투명 비누 베이스를 제조할 때 투명도를 높게 나타내기 위해서 투명 용제를 다량 첨가하여 제조한다.

투명 용제를 다량 사용하여 제조한 투명 비누 베이스의 순비누분은 40~45%를 벗어나지 못하는 단점이 있다.

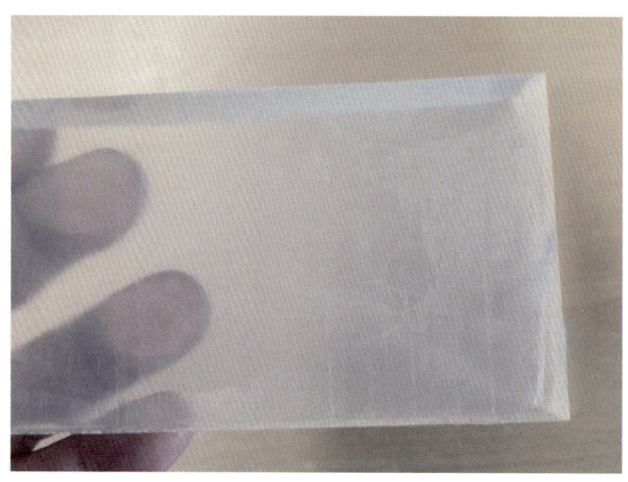

1. 투명 비누 베이스 원료

투명 비누 베이스를 제조하기 전에 이를 구성하고 있는 원료의 종류와 특징을 세밀하게 숙지해야 레시피를 임의대로 작성할 수 있다.

투명 비누 베이스 원료의 구성

1) 유지 구성, 2) 가성소다수 제조, 3) 용제의 구성, 4) 첨가제 구성

1) 유지 구성

투명도가 높은 비누 베이스를 제조할 때 유지는 포화지방산만 사용한다.

- 포화지방산(fatty acid) : 스테아릭산, 미리스틱산, 라우릭산

유지	유지 종류	특징
스테아릭산	포화지방산	단단함, 컨디셔닝
미리스틱산	포화지방산	보습, 조밀한 거품, 투명도 높여 줌
라우릭산	포화지방산	세정, 큰 거품

2) 가성소다수 제조

수산화나트륨을 수돗물에 희석시킨 용액을 가성소다수라 한다.

가성소다수 제조 (A + B = 가성소다수)

A : 유지별 비누화 값을 계산하여 얻어진 수산화나트륨의 중량(g)
B : 유지 총량대비 36%의 수돗물 중량(g)

(표 6)포화지방산의 비누화 값

지방산	비누화 값
스테아릭산(Stearic Acid)	0.148
미리스틱산(Myristic acid)	0.176
라우릭산(Lauric Acid)	0.195

비누화 값 = 유지 1g으로 비누를 만드는 데 사용되는 수산화나트륨의 양(g)

표 6처럼 포화지방산마다 고유의 비누화 값이 있다.

그러나 투명 비누 베이스를 제조할 때 이를 적용하지 않고 포화지방산 총중량 대비 11.5%의 수산화나트륨을 사용한다.

예를 들면 포화지방산 3종류를 모두 300g씩 사용하면 모두 900g이다.
스테아릭산 300g + 미리스틱산 300g + 라우릭산 300g = 900g

고유의 비누화 값으로 계산하면 수산화나트륨의 중량(g)은 155.7g이다.
스테아릭산 44.4g + 미리스틱산 52.8g + 라우릭산 58.5g = 155.7g

그러나 포화지방산을 동일하게 300g씩 모두 900g을 고유의 비누화 값을 무시하고 11.5%로 계산하면 수산화나트륨의 양은 52.2g이 줄어들어서 103.5g이 된다.
스테아릭산 0.115 × 300 = 34.5 / 미리스틱산 0.115 × 300 = 34.5 / 라우릭산 0.115 × 300 = 34.5
스테아릭산 34.5g + 미리스틱산 34.5g + 라우릭산 34.5g = 103.5g

수산화나트륨의 양이 구해지면 가성소다수를 제조하기 위해서 수돗물을 준비한다.
가성소다수는 수산화나트륨이 희석된 용액이다.

가성소다수를 제조할 때 계량된 수돗물에 계량된 수산화나트륨을 넣고 균질하게 섞어서 충분히 용해된 후에 사용한다.
수돗물의 양은 수산화나트륨의 중량 대비 4배이다.

즉 수산화나트륨 중량이 103.5g이었을 때 수돗물은 414g이다.

103.5 × 4 = 414

살펴본 바와 같이 일반 비누 베이스와 투명 비누 베이스를 제조할 때 수산화나트륨 중량과 수돗물 중량이 다릅니다.

일반 비누 베이스를 제조할 때 수산화나트륨 중량은 유지중량 총량 대비 14%였는데 투명 비누 베이스를 제조할 때 수산화나트륨의 중량은 유지중량 총량대비 11.5%입니다.

수산화나트륨을 녹이는 수돗물의 중량도 일반 비누 베이스를 제조할 때 유지중량 총량대비 36%이고 투명 비누 베이스를 제조할 때는 수산화나트륨 중량 4배입니다.
잊지 말고 꼭 기억하시기 바랍니다.

3) 용제의 구성

투명 비누 베이스를 제조할 때 지방산을 가성소다수로 비누화 반응시킨 후에 제조물을 계속 가온시키며 이를(비누화시킨 비누 제조물) 녹이기 위해서 용제를 첨가한다.

■ 사용되는 용제

프로필렌글리콜(Propylene Glycol)·트리에탄올아민(Triethanolamine)·백설탕(White sugar)

- 프로필렌글리콜
  투명한 무색의 액체이며 제약, 식품, 화장품산업에 다양한 용도로 사용된다.
  용매 역할을 하며 다른 용제와 호환성이 좋다.
  미생물의 성장을 억제시킴, 보습효과, 완성된 제품의 보존성을 높임.

- 트리에탄올아민
  수상층과 유상층을 잘 섞이게 한다.

- 백설탕

  점성과 투명도를 나타냄.

용제의 특징

원료명	특징
프로필렌글리콜	유지를 분해하여 잘 섞이게 함, 용해
트리에탄올아민	유화, 분산
백설탕	보습, 점성, 투명

4) 첨가제 구성

디소듐이디티에이(DisodiumEDTA)와 BHT(Butylated hydroxytoluene) 두 종류이다.

- 디소듐이디티에이

  산화방지·변색방지·금속이온봉쇄제로 사용되며 제형을 제조할 때 생기는 금속이온(나트륨·미네랄 등)과 결합하여 제형의 품질저하·산패 및 부식 등 침전물 방지에 사용된다.

  또한 학위 논문이나 학술논문 등에 의하면 투명도를 나타낼 때 효과가 높은 것으로 발표되고 있다.

  따라서 투명 비누 베이스를 제조할 때 디소듐이디티에이를 사용한다.

- BHT(Butylated hydroxytoluene)

  화장품 및 식품 등에 방부제로 사용되는 화학 성분.

  제조된 투명 비누 베이스를 대기 중에 오래 노출시키면 공기와 닿는 부분에 투명도가 흐려지기 때문에 사용되는 방부제.

2. 투명 비누 베이스 레시피

투명 비누 베이스를 제조하기 전에 레시피(recipe)를 작성한다.
원료의 선택과 레시피 작성에 의해서 투명도와 품질이 결정된다.

레시피를 작성할 때 제조할 투명 비누 베이스 중량을 결정한 후에 지방산과 가성소다수 그리고 용제와 첨가물 순서대로 작성한다.
구성하고자 하는 레시피는 투명도를 나타내기 위해서 포화지방산을 주원료로 선택했다.

■ 투명 비누 베이스 레시피

원료	중량(g)	원료	중량(g)
스테아릭산	100	프로필렌글리콜	150
미리스틱산	150	트리에탄올아민	192
라우릭산	100	백설탕	147
수산화나트륨	40	이디티에이	3
수돗물	161	BHT	3

약 1kg(1,046g)

1) 유지 설명

투명 비누 베이스를 제조할 때 투명도에 방해되는 유지는 사용하지 않는다.
가능하면 포화지방산만 사용한다.

지방산 특징

지방산 사슬	지방산	특징
C18:0	스테아릭산 Stearic Acid	단단함, 컨디셔닝
C14:0	미리스틱산 Myristic Acid	세정, 보습, 작고 조밀한 거품, 투명도
C12:0	라우릭산 Lauric Acid	세정, 굵고 풍부한 보습

2) 가성소다수 설명

> 수산화나트륨 중량은 지방산 총량350g에 대비해서 중량을 구한다.

지방산 총량 = 스테아릭산 + 미리스틱산 + 라우릭산
(350g= 100 + 150 + 100)

> 투명 비누 베이스 비누화 값: 지방산 총량대비 11.5%

지방산 총량 350 × 0.115 = 40.25

> 수산화나트륨을 희석시키는 수돗물은 수산화나트륨 중량대비 4배

수산화나트륨을 희석시키는 수돗물의 중량은 수산화나트륨 중량 40.25 대비 4배이다.
161(수돗물의 중량) = 40.25 (수산화나트륨 중량) × 4

3) 용제 설명

> 용제는 지방산 총량 350g에 대비해서 중량을 구한다.

- 용제 함량 구하는 방법
  - 프로필렌글리콜: 지방산 총량 대비 43%(150.5g)
  - 트리에탄올아민: 지방산 총량 대비 55%(192.5g)
  - 백설탕: 지방산 총량 대비 42%(147g)

4) 첨가제 설명

첨가제로 구성된 원료는 디소듐이디티에이(DisodiumEDTA)와 BHT(Butylated hydroxytoluene) 두 종류를 사용한다.

> 첨가제의 중량은 유지 중량, 가성소다수 중량, 용제 중량을 모두 더한 값에 계산한다.

- 디소듐이디티에이
  제조물 중량 대비 0.3%
  350g(유지) + 201g(가성소다수) + 489g(용제) = 1,040
  1,040 × 0.003 = 3.12

- BHT
  제조물 중량 대비 0.3%
  350g(유지) + 201g(가성소다수) + 489g(용제) = 1,040
  1,040 × 0.003 = 3.12

3. 투명 비누 베이스 제조

■ 준비할 도구
핫플레이트 · 저울 · 온도계 · 시약스푼 · 알뜰주걱 · 비누몰드 · 스테인리스 비커 2개 · 스프레이 용기 · 에탄올

■ 준비할 원료
수돗물 · 스테아릭산 · 미리스틱산 · 라우릭산 · 프로필렌글리콜 · 트리에탄올아민 · 백설탕 · 수산화나트륨 · 디소듐이디티에이 · BHT

■ **만드는 방법**

① 포화지방산과 여러 종류의 용제와 첨가물 등을 각기 다른 용기에 계량해서 준비한다.
② 수산화나트륨과 수돗물을 계량하여 가성소다수를 제조한다.
③ 계량된 지방산을 내열용기에 담아서 핫플레이트에 올려놓고 80~90℃로 가온하여 녹인다.
④ 제조된 가성소다수의 온도를 60℃ 이하로 낮추어서 녹아 있는 지방산에 천천히 부으면서 균질하게 젓거나 교반하며 반응시킨다.
⑤ **뻑뻑**하게 반응되면 80~90℃에서 PG를 넣어 주고, 반응된 제조물을 균질하게 젓거나 교반하며 녹인다.
⑥ 약 5분 경과 후에 80~90℃에서 TEA를 넣고 균질하게 섞어 주며 균질하게 젓거나 교반한다.
⑦ 제조물에 덩어리가 없도록 충분히 녹이며 80~90℃에서 백설탕을 제조물에 조금씩 뿌리며 녹인다.
⑧ 70~80℃에서 첨가제를 넣고 10~20분가량 천천히 젓거나 교반한다.
⑨ 제조물이 맑고 투명해지면 비누 제조물을 몰드 등에 붓는다.
⑩ 실온에서 비누 제조물이 굳으면 비누몰드와 분리한다.
⑪ 비누몰드에서 분리된 비누를 포장하거나 사용한다.

※ **보충설명**

1. 레시피를 보면서 포화지방산, 수산화나트륨, 수돗물, 용제, 첨가제 등을 각기의 용기에 계량하여 미리 준비한다.
2. 수산화나트륨은 유독성 물질이며 유독한 암모니아 가스가 발생되기 때문에 가성소다수를 제조할 때 안전장구를 갖추고 바람을 등지고 작업해야 한다.
   수산화나트륨은 부식성이 강한 물질이므로 가성소다수를 제조할 때 스테인리스 용기, 유리 용기 등 내열 용기를 사용한다.
   계량된 수돗물에 계량된 수산화나트륨을 붓고 균질하게 저어서 녹이며 가성소다수를 제조한다.

3. 지방산을 담는 용기는 유지 총량 부피의 ⅔ 정도 여유가 있는 큰 용기를 사용한다.
   용기는 스테인리스 용기, 유리용기 등 내열 용기를 사용한다.
   스테아릭산·미리스틱산·라우릭산을 순서와 상관없이 용기에 넣고 핫플레이트, 또는 가스레인지에서 80~90℃ 정도로 가온하여 녹인다.
   잘 녹을 수 있도록 균질하게 젓거나 교반한다.

4. 미리 제조한 가성소다수의 온도가 20~60℃ 되었을 때 상기 3의 녹아 있는 지방산에 천천히 부으면서 젓거나 교반한다.
   이때 녹아 있는 유지의 온도는 80~90℃이며 가성소다수의 온도는 20~60℃가 적당하다.
   젓거나 교반하면 흰 구름 같은 모양으로 부풀어 오르거나 서로 엉키게 된다.
   가성소다수가 보이지 않을 때까지 균질하게 섞어서 지방산과 반응시킨다.

5. 80~90℃를 계속 유지하면서 제조물에 PG (프로필렌글리콜)을 붓고 약 5~10분 정도 균질하게 젓거나 교반한다.
   덩어리 같았던 제조물에 프로필렌글리콜을 붓고 균질하게 저어 주면 천천히 용해된다.

6. 제조물이 약하게 점도가 일어날 정도 되면 TEA(트리에탄올아민)를 붓고 약 5~10분 정도 균질하게 젓거나 교반한다.
   제조물에 TEA붓고 젓거나 교반하면 제조물이 균질하게 분산된다.
   제조물의 온도는 80~90℃를 유지시킨다.

7. 백설탕을 제조물에 고르게 뿌리듯 조금씩 넣고 녹이며 약 5~10분 정도 균질하게 젓거나 교반한다.

8. 계량된 첨가제 디소듐이디티에이를 최소량의 수돗물에 붓고 충분히 녹인 후에 제조물에 붓고 균질하게 젓거나 교반한다.
   이때 제조물의 온도는 70~80℃ 정도로 낮추어서 유지한다.

9. 계량된 첨가제 BHT를 제조물에 조금씩 고르게 뿌리듯 넣고 녹이며 약 5~10분 정도 균질하게 젓거나 교반한다.

10. 가온을 중지하고 약 10~20분간 천천히 균질하게 제조물을 젓거나 교반한다.

11. 제조물이 맑고 투명해지면 비누몰드에 붓는다.

이때 거품이 생기면 에탄올을 분무 용기에 담아서 제조물에 분사하면 거품이 없어진다.

12. 4시간 후에 비누몰드와 비누 제조물을 분리한다.
13. 비누몰드와 분리된 투명 비누 베이스는 그대로 사용하거나 MP투명 비누 등으로 재가공하여 사용할 수 있다.

휴게 공간

어느 선교사가 아프리카 지역에서 사역 중이였는데 마침 그 마을의 추장 아들이 청혼하는 날이었다.
그 마을에는 청혼할 남자가 신부 될 여자에게 소 한 마리를 건네주는 풍습이 있었다.

그리고 선망의 대상이 되는 여자에게는 소 두 마리를 주는 풍습이 있었는데 마을이 생긴 이래 소 세 마리까지 받은 여성은 모두 두 명 있었다.

그런데 어느 날 추장 아들이 소 아홉 마리를 몰고 청혼하러 여성의 집에 가고 있었다.
마을 사람들 모두 눈이 휘둥그레지며 도대체 어느 집 누구일까? 궁금하여 따라갔다.

추장의 아들이 도착하여 청혼한 여성은 미모가 없는 가난한 집안 노인의 딸이었다.
따라갔던 마을 사람들 모두가 매우 놀랐다.

선교사는 청혼하는 것까지만 보고 본국으로 귀국했다.
그 후에 세월이 많이 지나서 다시 아프리카 마을을 방문한 선교사는 추장의 아들을 만나게 됐는데, 너무나 당황하고 놀라서 말문을 잇지 못했다.

추장 아들 옆에는 아름답고 우아한 품위를 갖춘 마음씨 고운 여성이 있었다.
자세히 보니 그 여자는 가난했던 노인의 딸이었다.

청혼한 추장의 아들이 소 아홉 마리 가치를 그 여성에게 부여했기 때문에 그 여성은 점차 가치 있는 사람으로 변했던 것이다.

03

전문 수제비누 제조

필자는 독자께서 본서를 정독하면 본인이 의도하고자 하는 수제비누를 어렵지 않게 제조하는데 지침서가 되기를 간절히 희망하며 집필했다.

그리고 기술되어 있는 제조방법 등을 충분히 숙지하고 응용하게 되면 틀에 얽매였던 고질적인 매너리즘을 벗어나는 데 커다란 도움이 되리라 확신한다.

품질이 높은 비누는 내가 의도하는 대로 만들어지고 제조되어야 한다.
독자께서 본서를 통하여 비누 베이스와 크리스탈 투명 비누 베이스 제조방법을 배웠다.

어려운 부분이 더러 있었겠지만 이는 수제비누의 가장 기초적인 제조방법이다.
그래서 필자가 비누 베이스와 크리스탈 투명 비누 베이스 제조 방법의 차례 순서를 기초 수제비누 제조 방법이라 정했다.

CP비누 제조방법도 기술하겠지만 비누를 제조하면서 지방산과 오일을 자유롭게 넘나드는 제조 방법을 구사해야 진정한 소퍼라고 할 수 있으며 다양한 종류의 비누를 만들 수 있다.

제1절 MP비누 직접 제조방법

I

MP비누 직접제조

MP비누는 Melt Pour 의 줄임말.
Melt녹다, Pour붓다, 즉 녹여서 붓는다는 말이다.

지방산을 주원료로 사용하여 고온에서 비누를 제조하는 방법과 비누 베이스를 녹여서 제조물에 첨가물 등을 넣고 재가공하여 제조되는 비누를 MP비누라 한다.
MP비누 제조법은 직접 제조법과 간접 제조법 두 종류로 분류한다.

- MP비누 직접 제조법
  MP비누를 제조하기 위해서 제조자가 원료를 사용하여 직접 제조하는 방법.
  또는 나중에 비누 베이스를 녹여서 사용하려고 제조자가 직접 비누 베이스를 제조하여 보관하였다가 이를 녹여서 사용하는 방법.

- MP비누 간접 제조법
  비누 베이스를 본인이 직접 제조하지 않고 다른 제조자에 의해서 제조된 비누 베이스를 사용하여 재가공으로 제조하는 방법.
  가장 기초적인 비누 제조방법이며 누구나 특별한 기술 없이 MP비누를 만들 수 있다.
  MP비누를 제조하기 위해서 비누 베이스를 본인이 직접 제조하지 않고 다른 제조자에 의해서 가공되어 있는 반제품을 사용하면 비누의 보습·거품·클렌징·단단함 등을 제조자가 의도하는 대로 비누의 특성을 살리지 못하는 단점이 있다.

1. 미백 MP비누 레시피와 제조

MP비누 직접 제법은 비누 베이스 제조방법과 거의 같다.
그러나 비누 베이스는 반제품이며 MP비누는 완성된 제품이다.

본서의 "미백 MP비누 레시피와 제조"를 충분히 숙지하면 다양한 종류의 MP비누를 제조하거나 응용할 수 있다.

필자가 재배하고 있는 무환자 나무

원료	중량(g)	원료	중량(g)
스테아릭산	100	프로필렌글리콜	160
팔미스틱산	50	트리에탄올아민	160
미리스틱산	100	솔드액	120
라우릭산	100	디소듐이디티에이	3
올레산	25	알란토인	4
피마자유	25	쉐어버터	10
수산화나트륨	56	네추럴베타인	10

수돗물	84	나이신아마이드	5
무환자나무 추출액	60	구연산	6
우레아	7	향	5

1) 유지 설명

미백 MP비누를 제조할 때 유지 선택과 함량은 비누 베이스를 제조할 때 선택했던 유지의 종류와 함량과 거의 같다.

지방산 사슬	지방산	특징
C18:0	스테아릭산 Stearic Acid	단단함, 컨디셔닝
C16:0	팔미틱산 Palmitic Acid	단단함, 컨디셔닝, 거품유지
C14:0	미리스틱산 Myristic Acid	세정, 보습, 작고 조밀한 거품, 투명도
C12:0	라우릭산 Lauric Acid	세정, 굵고 풍부한 보습
C18:1	올레산 Oleic Acid	안정적인 보습
오일	피마자오일 castor oil	유리알칼리 중화, 보습

2) 가성소다수 설명

- 수산화나트륨 중량

> 수산화나트륨 중량은 유지 총량400g에 대비해서 중량을 구한다.

 유지 총량 = 스테아릭산 + 팔미스틱산 + 미리스틱산 + 라우릭산 + 올레산 + 피마자오일

 (400g = 100 + 50 + 100 +100 + 25 + 25)

 유지의 비누화 값: 유지 총량대비 14%

 유지 총량 400 × 0.14 = 56

 미백 MP비누 유지의 비누화 값 56g(수산화나트륨의 중량)

- 수산화나트륨을 희석시키는 수용액

> 수산화나트륨 희석시키는 수돗물의 양(g)은 유지 총량 대비 36%

144g(수돗물의 중량) = 400g (유지 중량) × 0.36

■ 추출물 유기화 방법과 추출물 함량 구하는 방법

- 추출물 유기화 방법

  비누를 제조할 때 추출물의 선택은 매우 중요하다.
  추출물 선택에 따라서 비누의 기능과 이름이 특정된다.
  비누 제조물에 어성초를 첨가하면 어성초 비누가 되고, 노니를 첨가하면 노니 비누가 된다.
  첨가액은 식물성일 경우 분말에 비해서 고농축 액상이 좋다.
  추출물은 간략하게 유기화합물과 무기화합물 두 종류로 분류할 수 있다.
  유기화합물(탄소화합물)은 탄소원자(C)를 갖는 화합물 모두를 일컫는 말이며 그 외의 화합물은 탄소원자(C)를 갖지 않는 무기화합물이다.
  비누를 제조할 때 사용되는 유지는 모두 탄소원자(C)를 가지고 있는 유기화합물이다.
  유기화합물만이 수산화나트륨과 반응되어서 비누가 된다.
  반면에 무기화합물은 수산화나트륨과 반응하지 못한다.

따라서 비누 제조과정에서 비누화 반응 후에 추출액을 제조물에 첨가하면 첨가액(식물성 추출액)은 무기화합물이기 때문에 수산화나트륨과 반응하지 못한다.
반응하지 못한 첨가제는 비누 속에 머물러 있다가 해리되어서 비누 수축의 힘에 의해서 비누 밖으로 토출되거나 증발하기 때문에 첨가제로 특정한 효과를 잃게 된다.

수산화나트륨으로 가성소다수를 제조할 때 추출액을 수산화나트륨 녹이는 수돗물에 희석하여 사용하면 비누화 반응 때 추출물이 유기화되기 때문에 이를 유기화 방법이라 한다.

레시피에 의하면 무환자나무 추출액 60g과 수돗물 84g이 표기되어 있다.

이는 수산화나트륨을 희석시키는 액상이며 무환자나무 추출액과 수돗물을 합친 중량이며 모두 144g이다.

수돗물 144g에 대비해서 무환자나무 추출액 42%를 대입해서 계산하면 무환자나무 추출액이 60.48g이며 수돗물 144g에 대비해서 무환자나무 추출액 42%를 삭감하면 수돗물의 중량은 84g이다.

희석액의 총 중량: 144g / 수돗물: 84g / 추출액: 60g

수돗물 144g에 대비해서 42%를 무환자나무 추출액을 계산하여 60.48g이 된 것이다.

144g × 0.42(42%) = 60.48g (반올림 60g)

- 유기화 가성소다수 제조방법

　① 수산화나트륨과 수돗물 그리고 무환자나무 추출액을 계량한다.
　② 수돗물에 무환자나무 추출액을 희석한다.
　③ 무환자나무 희석액에 수산화나트륨을 천천히 부으면서 균질하게 녹인다.

- 무환자나무(비누나무) Sapindus mukurossi

    히말라야가 원산지이며 고대부터 인도. 네팔 및 그 주변 지역에서 비누가 없을 때 무환자나무 열매를 비누 대용으로 사용했다.

    무환자나무를 비누나무라고도 하며 그의 잎을 솝립(Soapleaf) 열매를 솝베리(Soapberry)라 한다.

    비누나무 열매와 잎 뿌리에는 사포닌 성분이 풍부하게 함유되어 있어서 물과 마찰시키면 풍부한 거품과 함께 세정력이 우수하여 세제 대용으로 사용할 수 있다.

    무환자나무 추출물은 피부에 자극을 주지 않으며 세정력이 강하기 때문에 비누 제조물에 융화시켜서 사용하면 비누나 기타 세정제에 씻겨지지 않았던 모공 속의 노폐물과, 이물질 등이 깨끗이 씻겨 져서 미백이 나타난다.

3) 용제 설명

- 용제 함량 구하는 방법

    용제로 구성된 원료: 프로필렌글리콜, 트리에탄올아민, 솔드액 또는 솔비톨

> 용제는 유지 총량 400g에 대비해서 중량(g)을 구한다.

- 프로필렌글리콜: 유지 총량 대비 40% (160g)
- 트리에탄올아민: 유지 총량 대비 40%(160g)
- 솔드액: 유지 총량 대비 30%(120g)

TEA/트리에탄올아민(Triethanolamine)과 PG/프로필렌글리콜(Propylene Glycol)에 관해서 질문을 많이 받는다.

두 물질은 인체에 유해한 물질이기 때문에 사용이 꺼려진다고 한다.

왜 그렇게 생각 하냐고 물으면 한결같이 인터넷에 그렇게 알려져 있어서 그런다고 한다.

그러나 잘못 알려져 있고 그렇지 않다.

트리에탄올아민은 에멀션(emulsion) 역할을 해 주는 비이온계 계면활성제다

트리에탄올아민의 아민은 암모니아의 수소원자가 알킬기, 아릴기 등(R)으로 치환된 화합물이다.

RNH2를 제1차 아민, R2NH를 제2차 아민, R3N을 제3차 아민이라 한다.

1차 아민은 알코올 또는 페놀을 생성하고, 2차 아민은 니트로화되지만 3차 아민은 반응하지 않는다.

2차 아민은 다이에탄올아민, 모노에탄올아민으로 유해성분이며 발암물질이라고도 한다.

그러나 트리에탄올아민은 3차 아민이며 다른 성분과 합성이 되지 않는 물질이다.

특히 씻어 내는 제형인 비누에 사용해도 피부 자극 등 아무런 문제가 되지 않는다.

2차 아민인 다이에탄올아민, 모노에탄올아민이 발암물질인데 잘못 와전되어서 "TEA" 즉 트리에탄올아민이 발암물질로 알려지게 된 것이다.

PG(프로필렌글리콜)는 화장품 및 의약품(습윤제, 용제)에도 사용되며 음식류에도 소량 사용되기도 한다.

예전엔 미국 FDA 승인도 있었던 제품으로 알려지고 있다.

그러나 NO-T 비누/T-FREE 비누(TEA를 사용하지 않은 비누)를 선호하는 분들이 계셔서 별도의 레시피를 기술했다.

4) 첨가제 설명

첨가제로 구성된 원료: 디소듐이디티에이, 알란토인, 쉐어버터, 네추럴베타인, 나이신아마이드, 구연산

> 첨가제의 중량은 유지 중량, 가성소다수 중량, 용제 중량을 모두 더한 값에 계산한다.

- 디소듐이디티에이
  제조물 중량 대비 0.3%
  400g(유지) + 144g(가성소다수) + 440g(용제) = 984
  984 × 0.003 = 2.95

- 알란토인
  제조물 중량 대비 0.4%
  400g(유지) + 144g(가성소다수) + 440g(용제) = 984
  984 × 0.004 = 3.93

- 쉐어버터
  제조물 중량 대비 1%
  400g(유지) + 144g(가성소다수) + 440g(용제) = 984
  984 × 0.01 = 9.84

- 네추럴베타인
  제조물 중량 대비 1%
  400g(유지) + 144g(가성소다수) + 440g(용제) = 984
  984 × 0.01 = 9.84

- 나이신아마이드
  제조물 중량 대비 0.5%
  400g(유지) + 144g(가성소다수) + 440g(용제) = 984
  984 × 0.005 = 4.92

- 구연산

  제조물 중량 대비 0.6%

  400g(유지) + 144g(가성소다수) + 440g(용제) = 984

  984 × 0.006 = 5.90

- 우레아

  제조물 중량 대비 0.7%

  400g(유지) + 144g(가성소다수) + 440g(용제) = 984

  984 × 0.007 = 6.88

- 향

  제조물 중량 대비 0.5%

  400g(유지) + 144g(가성소다수) + 440g(용제) = 984

  984 × 0.005 = 4.92

5) 미백 MP비누 제조

■ 준비할 도구

핫플레이트 · 저울 · 온도계 · 시약스푼 · 알뜰주걱 · 비누몰드 · 스테인리스 비커 2개 · 스프레이 용기 · 에탄올 · PH 테스트 용지 등

■ 준비할 원료

수돗물 · 스테아릭산 · 팔미스틱산 · 미리스틱산 · 라우릭산 · 올레산 · 피마자오일 · 프로필렌글리콜 · 트리에탄올아민 · 솔드액 또는 솔비톨 · 수산화나트륨 · 무환자나무 추출액 · 디소듐이디티에이 · 알란토인 · 쉐어버터 · 네추럴베타인 · 나이신아마이드 · 구연산 · 우레아 · 향

■ **만드는 방법**

① 유지와 용제 그리고 첨가물을 각기 다른 용기에 계량해서 준비한다.
② 수산화나트륨을 수돗물과 무환자나무 추출액이 희석된 희석수에 붓고 가성소다수를 제조한다.
③ 계량된 유지를 용기에 넣어서 핫플레이트에 올려놓고 80~90℃로 가온하여 녹인다.
④ 제조된 가성소다수를 60℃ 이하의 온도에서 녹아 있는 유지에 천천히 부으면서 균질하게 젓거나 교반하여 비누화 반응시킨다.
⑤ 제조물이 빽빽하게 반응되면 PG를 넣어 주고, 80~90℃에서 균질하게 젓거나 교반하며 제조물을 녹인다.
⑥ 80~90℃에서 10분 후에 TEA를 넣고 균질하게 젓거나 교반한다.
⑦ 덩어리가 없도록 제조물을 잘게 풀어 주며 80~90℃에서 솔드액 또는 솔비톨을 넣는다.
⑧ 첨가제를 넣고 10~20분가량 천천히 젓거나 교반한다.
⑨ 제조물이 맑고 투명해지면 제조물이 완료된다.
⑩ 비누제조물을 몰드 등에 붓는다.
⑪ 실온에서 비누액이 굳으면 몰드와 분리시킨다.

※ **보충설명**

1. 레시피에 의해서 유지와 수산화나트륨, 수돗물, 추출액, 용제와 첨가제 등을 별도의 용기에 계량하여 미리 준비한다.
2. 수돗물에 무환자나무 추출액을 섞어서 희석한 후에 수산화나트륨을 희석수에 천천히 부으면서 균질하게 녹이며 가성소다수를 제조한다.

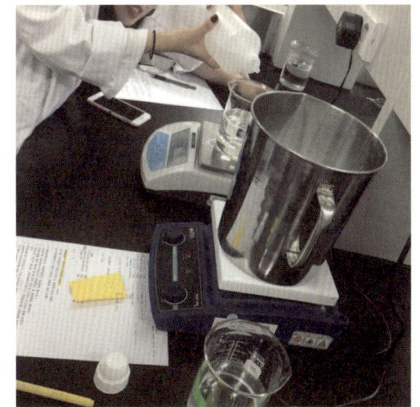

  가성소다수가 담기는 용기는 스테인리스 또는 유리 용기 등 내열용기를 사용한다.
3. 유지를 담는 용기는 비누제조물 총량 부피의 ⅔정도 여유가 있는 큰 용기를 사용

한다.

그리고 스테인리스 용기 및 유리용기 등 내열 용기를 사용한다.

스테아릭산 · 팔미스틱산 · 미리스틱산 · 라우릭산 · 올레산 · 피마자오일을 순서와 상관없이 용기에 넣고 핫플레이트, 또는 가스레인지에서 80~90℃정도로 가온하여 녹인다.

잘 녹을 수 있도록 균질하게 젓거나 교반한다.

4. 미리 제조한 가성소다수의 온도가 20~60℃ 되었을 때 상기 3의 녹아 있는 유지에 천천히 부으면서 젓거나 교반한다.

이때 녹아 있는 유지의 온도는 80~90℃이며 가성소다수의 온도는 20~60℃가 적당하다.

젓거나 교반하면 흰 구름 같은 모양으로 부풀어 오르거나 서로 엉키게 된다.

가성소다수가 보이지 않을 때까지 균질하게 섞는다.

5. 80~90℃를 계속 유지하면서 제조물에 프로필렌글리콜을 붓고 약 5~10분 정도 균질하게 젓거나 교반한다.

덩어리 같았던 제조물이 프로필렌글리콜을 붓게 되면 천천히 녹으면서 풀린다.

6. 제조물이 약한 점도가 일어날 정도 되면 트리에탄올아민을 붓고 약 5~10분 정도 균질하게 젓거나 교반한다.

제조물에 트리에탄올을 붓게 되면 균질하게 분산된다.

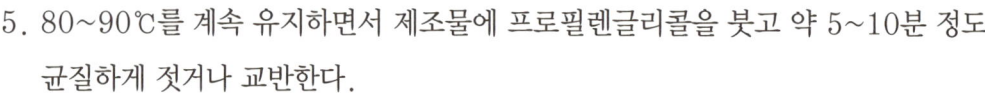

7. 이어서 솔드액 또는 솔비톨을 제조물에 붓고 약 5~10분 정도 균질하게 젓거나 교반한다.

8. 계량된 첨가제 쉐어버터를 제조물에 넣고 젓거나 교반하며 우레아, 나이신아마이드, 구연산, 네추럴베타인을 조금씩 뿌리듯 제조물에 넣고 녹인다.

첨가된 우레아 등이 제조물에서 충분히 녹으면 디소듐이디티에이, 알란토인을 최소량의 수돗물에 녹여서 제조물에 붓는다.

9. 가온을 중지하고 약 10~20분간 천천히 균질하게 제조물을 젓거나 교반하며 마지막으로 제조물에 향을 첨가한다.

10. 제조물이 맑고 투명해지면 실온에서 비누몰드에 붓는다.

    이때 거품이 생기면 에탄올을 제조물에 분사하면 거품이 없어진다.

11. 실온에서 2시간 후에 비누몰드와 비누를 분리하여 완성한다.

2. 아토피, 여드름 MP비누 레시피와 제조

1) 아토피, 여드름 MP비누

아토피, 여드름 등에 효과를 주장하는 비누의 종류는 매우 다양하고 많다.

필자는 수제비누에 관한 일로 세계 20여 개국에 다니면서 아토피와 여드름 등에 효과를 내세우거나 널리 알려져 있는 물질을 수없이 만나고 경험했다.

나라마다 언어가 다르듯 아토피 등에 좋다고 알려져 있는 생소한 이름을 가진 물질들이 많으며 어떤 물질은 현지 사람들이 "신이 주신 선물이다"라고 할 정도로 그 물질의 효과를 높이 평가하고 있다.

아토피(Atopy)는 그리스어가 어원으로 "비정상적인 반응", "알 수 없는"이라는 의미이며 알레르기성 질환으로 피부염, 두드러기, 부어오름, 붉은 반점 등 헤아릴 수 없이 많다.

필자가 여러 나라에 다니면서 피부에 유익한 성분의 물질을 허다하게 경험하면서 으뜸으로 발견한 물질이 두 종류이며 모두 식물성이고 태양 에너지를 받아서 합성된 유기질 미네랄성분이다.

하나는 세척 및 미백에 바로 효과가 나타나는 무환자나무이며 또 하나는 아토피, 여드름 등에 효과가 두드러지게 나타나는 붉나무다.
두 종류 다 공통으로 항균 항산화 능력이 우수하며 사포닌성분을 풍부하게 가지고 있다.

필자가 아토피 등에 효과가 많은 붉나무와 그의 성분을 2009년에 국내에서 발견하고 2011년부터 집단 재배하는 데 성공하여 TV방송 프로그램(만물상, 닥터지바고, 리얼다큐 숨, 천기누설, sbs 좋은 아침 등)에 출연하여 널리 알려 왔다.
이를 기화로 여기저기서 붉나무에 관한 자료나, 제품들이 많이 나오기 시작했다.

■ 붉나무 효과
붉나무(Nutgall tree)는 쌍떡잎식물의 무환자 나무목 옻나무과 붉나무속의 소교목 낙엽관목으로 학명은 Rhus chinensis다.

붉나무는 옻나무과에 속하지만 옻나무와 달리 독성이 없으며 고서인 동의보감이나 구황벽곡방에 따르면 피부가 헐거나 버짐이 생겨서 가렵고 진물이 날 때 그리고 종기나 부종에 붉나무를 약으로 사용했다는 기록이 있고 폴리페놀 성분 등이 풍부한 것으로 알려져 있다.

필자가 재배하고 있는 붉나무

 폴리페놀은 인체 내의 효소를 보호하는 항산화능력이 매우 크고, 활성산소에 노출되어 있는 세포를 보호하거나 항암작용을 하는 성분이 많이 있는 것으로 학술논문 등에 많이 발표되고 있으며 질병에 대한 위험도를 낮추어 준다고 한다.

 뿐만 아니라 바이러스나 염증질환에 효과가 있고 필자가 방송에 출연하여 (한국의과연구원에서) 시험한 내용에 따르면 붉나무는 여드름, 무좀, 건선, 피부염 등에 효능이 매우 높은 것으로 나타났다.

■ 고서와 논문에 의한 붉나무 효과

- 고서
    - 동의보감: 해독작용, 수렴작용, 종기, 피부염에 효력이 있음.
    - 약용본초 각론 동이약초: 화상이나 피부병에 좋으며 흉터를 남기지 않고 잘 낫게 한다.
    - 본초도감: 곪은 상처에 좋으며 흉터를 아물게 하는데 효과
    - 세종대왕실록: 종기와 부종을 치료하는데 사용했으며 천금목이라 불리우기도

했다. (귀한나무라는 의미)

식물도감, 약초도감, 구황벽곡방, 구황촬요 등의 기록에 보면 붉나무를 물로 달여서 먹거나, 찧어서 바르거나, 가루를 내어 개어서 바르면 상처, 통풍에 좋으며 각막에 반점이 생긴 증상 등을 치료한다고 한다.

- 논문
  - 붉나무 추출물의 화장품 소재로서의 효능 및 독성에 관한 연구
  - 식용유지에 대한 붉나무 추출물의 항산화 효과
  - 붉나무 순차 용매 추출물의 항산화 효과 비교
  - 붉나무 수피로부터 항산화 물질의 분리및 동정
  - 식용및 약용 산채류로부터 트롬빈 저해물질의 탐색
  - Functionality Analysis of Rhus javanica Femented by Lactobacillus spp
  - 붉나무 추출물의 항산화 효과와 식품적용
  - KACTOBACILLUS SPP. 이용발효 붉나무의 기능성물질 검색에 대한 연구
  - 간성상 세포 시스템에서 붉나무의 항섬유화 효과에 관한 연구 등 다양

2) 아토피, 여드름 MP비누 레시피

원료	중량(g)	원료	중량(g)
스테아릭산	100	프로필렌글리콜	160
팔미스틱산	25	트리에탄올아민	160
미리스틱산	100	솔드액	120
라우릭산	100	디소듐이디티에이	3
달맞이종자유	50	알란토인	4
피마자유	25	쉐어버터	10
수산화나트륨	56	네추럴베타인	10
수돗물	101	히알루론산	10
붉나무 추출액	43	우레아	7
향	3		

3) 유지 설명

미백 MP비누에 비교하면 팔미스틱산 중량이 50g에서 25g으로 줄어들었다.
그리고 올레산(25g) 대신 달맞이 종자유(50g)를 선택했다.
유지 총량은 모두 400g이다.

4) 가성소다수 설명

> 수산화나트륨 중량은 유지 총량400g에 대비해서 중량을 구한다.

유지 총량 = 스테아릭산 + 팔미스틱산 + 미리스틱산 + 라우릭산 + 달맞이종자유 + 피마자유

(400g = 100 + 25 + 100 + 100 + 50 + 25)

> 유지의 비누화 값: 유지 총량대비 14%

유지 총량 400 × 0.14 = 56

> 수산화나트륨 희석시키는 수돗물의 양(g)은 유지 총량대비 36%

144g(수돗물의 중량) = 400g (유지 총량) × 0.36

> 추출물 유기화 방법과 추출물 함량 구하는 방법

- 추출물 유기화 방법
　　비누를 제조할 때 추출물 선택은 매우 중요하다.
　　추출물 선택에 따라서 비누의 기능과 이름이 특정된다.

비누 제조물에 어성초를 첨가하면 어성초 비누가 되고 노니를 첨가하면 노니 비누가 된다.
첨가제는 식물성일 경우 분말에 비해서 고농축 액상이 좋다.

추출물은 간략하게 유기화합물과 무기화합물 두 종류로 분류할 수 있다.
유기화합물(탄소화합물)은 탄소원자(C)를 갖는 화합물 모두를 일컫는 말이며 그 외의 화합물은 탄소원자(C)를 갖지 않는 무기화합물이다.

비누를 제조할 때 사용되는 유지는 모두 탄소원자(C)를 가지고 있는 유기화합물이다.
유기화합물만이 수산화나트륨과 반응되어서 비누가 된다.
반면에 무기화합물은 수산화나트륨과 반응되지 않는다.

따라서 비누 제조과정에서 반응 후에 추출물(농축액)을 제조물에 첨가하면 첨가제는 무기화합물이기 때문에 수산화나트륨과 반응하지 못한다.
반응하지 못한 첨가제는 비누 속에 머물러 있다가 해리되어서 비누 수축의 힘에 의해 비누 밖으로 토출되거나 증발하기 때문에 첨가제로 특정한 효과를 잃게 된다.

수산화나트륨으로 가성소다수를 제조할 때 추출물을 수산화나트륨 녹이는 수돗물에 희석하여 사용하면 추출물이 유기화되기 때문에 이를 유기화 방법이라 한다.

레시피에 의하면 붉나무 추출액 43g과 수돗물 101g이 표기되어 있다.
이는 수산화나트륨 녹이는 액상이며 모두 144g이다.

수돗물 144g에 대비해서 붉나무 추출액 30%를 대입해서 계산하면 붉나무 추출액이 43.2g이며 수돗물 144g에 대비해서 붉나무 추출액 30%를 삭감하면 수돗물의 중량은 100.8g이다.

희석액의 총 중량: 144g

수돗물: 100.8g

추출액: 43.2g

- 유기화 가성소다수 제조방법

　① 수산화나트륨과 수돗물 그리고 붉나무 추출액을 계량한다.

　② 수돗물에 붉나무 추출액을 희석한다.

　③ 붉나무 희석액에 수산화나트륨을 천천히 부으면서 균질하게 녹인다.

5) 용제 설명

용제로 구성된 원료: 프로필렌글리콜, 트리에탄올아민, 솔드액

> 용제는 유지 총량 400g에 대비해서 중량을 구한다.

- 용제 함량 구하는 방법
  - 프로필렌글리콜: 유지 총량 대비 40%(160g)
  - 트리에탄올아민: 유지 총량 대비 40%(160g)
  - 솔드액: 유지 총량 대비 30%(120g)

6) 첨가제 설명

첨가제로 구성된 원료: 디소듐이디티에이, 알란토인, 쉐어버터, 네추럴베타인, 히알루론산, 향

붉나무 고농축 추출액은 강산성 성분이기 때문에 제조물에 구연산을 첨가하지 않는다. 그리고 본 레시피는 아토피, 여드름에 효과가 있는 MP비누이며 미백비누에 사용했던 나이신아마이드는 사용하지 않는다.

> 첨가제의 중량은 유지 중량, 가성소다수 중량, 용제 중량을 모두 더한 값에 계산한다.

- 디소듐이디티에이
  제조물 중량 대비 0.3%
  400g(유지) + 144g(가성소다수) + 440g(용제) = 984
  984 × 0.003 = 2.95

- 알란토인
  제조물 중량 대비 0.4%
  400g(유지) + 144g(가성소다수) + 440g(용제) = 984
  984 × 0.004 = 3.93

- 쉐어버터
  제조물 중량 대비 1%
  400g(유지) + 144g(가성소다수) + 440g(용제) = 984
  984 × 0.01 = 9.84

- 네추럴베타인
  제조물 중량 대비 1%
  400g(유지) + 144g(가성소다수) + 440g(용제) = 984
  984 × 0.01 = 9.84

- 히알루론산
  제조물 중량 대비 1%
  400g(유지) + 144g(가성소다수) + 440g(용제) = 984
  984 × 0.01 = 9.84

- 우레아

  제조물 중량 대비 0.7%

  400g(유지) + 144g(가성소다수) + 440g(용제) = 984

  984 × 0.007 = 6.88

- 향

  제조물 중량 대비 0.3%

  400g(유지) + 144g(가성소다수) + 440g(용제) = 984

  984 × 0.003 = 2.95

7) 아토피, 여드름 MP비누 제조

■준비할 도구

 핫플레이트 · 저울 · 온도계 · 시약스푼 · 알뜰주걱 · 비누몰드 · 스테인리스 비커 2개 · 스프레이

 용기 · 에탄올 · PH 테스트 용지

■준비할 원료

 수돗물 · 스테아릭산 · 팔미스틱산 · 미리스틱산 · 라우릭산 · 달맞이종자유 · 피마자오일 · 프로필렌글리콜 · 트리에탄올아민 · 솔드액 또는 솔비톨 · 수산화나트륨 · 붉나무 추출액 · 디소듐이디티에이 · 알란토인 · 쉐어버터 · 네추럴베타인 · 히알루론산 · 우레아 · 향

■만드는 방법

① 유지와 여러 종류의 용제 그리고 첨가물 등을 각기 다른 용기에 계량해서 준비한다.

② 수산화나트륨과 수돗물 그리고 붉나무 추출액을 계량하여 가성소다수를 제조한다.

③ 계량된 유지를 용기에 담아서 핫플레이트에 올려놓고 80~90℃ 정도로 가온하여 녹인다.

④ 제조된 가성소다수를 60℃에서 녹아 있는 유지에 부으면서 균질하게 젓거나 교반하며 반응시킨다.
⑤ 뻑뻑하게 반응되면 80~90℃에서 PG를 넣고 젓거나 교반하며 제조물을 녹인다.
⑥ 10분 후에 80~90℃에서 TEA를 넣고 균질하게 섞는다.
⑦ 덩어리가 없도록 잘게 풀어주며 80~90℃에서 솔드액 또는 솔비톨을 넣고 10분간 균질하게 젓거나 교반하며 70~80℃로 낮춘다.
⑧ 첨가제를 넣고 10~20분가량 천천히 젓는다.
⑨ 제조물이 맑고 투명해지면 제조물이 완성된다.
⑩ 비누제조물을 몰드 등에 붓는다.
⑪ 실온에서 비누제조물이 굳으면 몰드와 분리시킨다.

※ 보충설명

1. 레시피를 보면서 유지와 수산화나트륨, 수돗물, 용제와 첨가제 등을 별도의 용기에 계량하여 미리 준비한다.
2. 수돗물에 붉나무 추출액을 섞어서 희석한 후에 수산화나트륨을 희석수에 천천히 부으면서 균질하게 녹이며 가성소다수를 제조한다.
   가성소다수가 담기는 용기는 스테인리스 또는 유리 용기 등 내열용기를 사용한다.
3. 유지를 담는 용기는 비누제조물 총량 부피의 ⅔ 정도 여유가 있는 큰 용기를 사용한다.
   그리고 스테인리스 용기 및 유리용기 등 내열 용기를 사용한다.
   스테아릭산 등 유지는 순서와 상관없이 용기에 넣고 핫플레이트, 또는 가스레인지에서 70~80℃에서 녹인다.
   잘 녹을 수 있도록 균질하게 젓거나 교반한다.
4. 미리 제조한 가성소다수의 온도가 20~60℃ 되었을 때 상기 3의 녹아 있는 유지에 천천히 부으면서 젓거나 교반한다.
   이때 녹아 있는 유지의 온도는 80~90℃이며 가성소다수의 온도는 20~60℃가 적당하다.
   젓거나 교반하면 흰 구름 같은 모양으로 부풀어 오르거나 점도가 있는 덩어리가 된다.

가성소다수가 보이지 않을 때까지 균질하게 젓거나 교반한다.

5. 80~90℃를 계속 유지하면서 제조물에 프로필렌글리콜을 붓고 약 5~10분 정도 균질하게 젓거나 교반한다.

   덩어리 같았던 제조물이 프로필렌글리콜을 붓게 되면 천천히 녹으면서 풀린다.

6. 제조물이 매우 약한 점도가 일어날 정도 되면 트리에탄올아민을 붓고 약 5~10분 정도 균질하게 젓거나 교반한다.

   걸쭉했던 제조물에 트리에탄올을 붓게 되면 균질하게 분산된다.

7. 80~90℃를 계속 유지하면서 솔드액 또는 솔비톨을 제조물에 붓고 약 5~10분 정도 균질하게 젓거나 교반한다.

8. 계량된 첨가제 쉐어버터와 히알루론산 을 제조물에 넣고 교반하며 우레아 , 네추럴베타인을 조금씩 뿌리듯 제조물에 넣으며 녹인다.

   우레아 등이 제조물에서 충분히 녹으면 디소듐이디티에이, 알란토인을 최소량의 수돗물에 녹여서 순서와 상관없이 제조물에 붓는다.

9. 가온을 중지하고 약 10~20분간 천천히 균질하게 제조물을 젓거나 교반하며 마지막으로 제조물에 향을 첨가한다.

10. 제조물이 맑고 투명해지면 비누몰드에 붓는다.

    이때 거품이 생기면 에탄올을 분무기 용기에 담아서 제조물에 분사하면 거품이 없어진다.

11. 실온에서 2시간 후에 비누몰드와 비누를 분리하여 완성한다.

3. 샴푸바 MP 발모비누 레시피와 제조

■ 샴푸 종류

일반적으로 샴푸는 액상 샴푸가 대표적이다.

액상 샴푸는 오일을 주원료로 사용하여 수산화칼륨과 반응시켜서 제조하는 천연샴푸와 합성 계면활성제를 주원료로 사용하여 제조하는 샴푸, 두 종류로 분류할 수 있다.

동백오일, 피마자오일 등의 오일을 주원료로 사용하여 제조되는 샴푸는 수산화칼륨(KOH)으로 반응시켜서 제조되며 오랜 시간의 중화 기간이 요구된다.

그러나 합성계면활성제인 라우릴글루코사이드, 소듐코코일애플아미노산 등의 계면활성제를 주원료로 사용하여 제조되는 샴푸는 제조 후 바로 사용할 수 있는 장점이 있다.

시중에서 흔하게 유통되고 있는 샴푸는 거의 합성 계면활성제를 주원료로 사용하여 제조되는 샴푸다.

반면에 샴푸바는 고형체이며 제조방법은 이미 배운 MP비누 제조 방법과 같다.

■ 샴푸의 이해

두피와 모발에 좋은 샴푸를 만들기 위해서 샴푸의 원료를 잘 이해하고 충분히 숙지해야 한다.

내가 만든 샴푸를 사용했더니 비듬(세균성 비듬)과 두피의 가려움증이 없어지고, 머릿결이 좋아지며, 탈모가 줄어든다면 더 말할 나위 없이 좋은 샴푸라고 할 수 있다.

따라서 샴푸 후에 유분기가 없어야 하며, 항균 항산화 작용과 더불어서 모낭충(Demodex)을 구제하고 탈모를 예방하는 효과가 있다면 더 없이 좋은 샴푸라고 할 수 있다.

탈모는 환경, 스트레스 및 유전적 요인과 호르몬 변화에 의한 원인이 되기도 하지만 모공과 두피 속에 기생하며 모근을 갉아먹거나 모세혈관을 파괴시키는 모낭충

(Demodex)에 의한 피해가 더 큰 요인이 되기도 한다.

모낭충은 피지를 증가시키며 여드름, 피부질환 및 두피질환을 일으키기도 한다.

모낭충은 신생아를 제외하고 인류가 거의 감염되어 있다.

두피에 좋은 샴푸를 만들기 위해서 멀구슬 나무의 열매를 사용한 샴푸를 제조하여 실험한 결과 모낭충을 구제하는 데 매우 좋은 효과가 있었다.

필자가 직접 멀구슬나무 열매를 수득하여 추출물을 내어서 물에 희석하여 실험한 결과 매우 성공적이었기 때문에 제조방법을 소개한다.

■ 멀구슬 나무 열매

멀구슬나무는 낙엽활엽수이며, 열매는 살충(殺蟲) 효과가 있다.

옛날에 열매를 갈아서 물에 풀어 살충제의 효과로 물고기를 잡을 때 사용했다고 전해지며(물고기 잠시 기절함), 구충제로도 사용한 기록이 있다.

열매의 씨앗에서 기름을 짜서 피부 질환 치료에 쓰기도 했으며 줄기와 가지는 방충 효과가 있어서 옷장에 넣어서 방충제로 쓰기도 했다.

멀구슬나무뿐 아니라 포포나무, 초피나무, 가막살나무 등도 살충의 효과가 있어서 모낭충 구제에 좋으며 항산화, 항염증, 기미, 주근깨, 피부미용, 노화방지에 효과가 있다고 알려져 있다.

멀구슬나무는 남부지방에서 자생되고 있으며 전북 고창 군청 안에 200년이 넘은 멀구슬나무가 천연기념물 503호로 지정되어서 자라고 있다.

멀구슬나무 열매는 10월경에 채취해야 살충의 효과가 있고, 메탄올(methanol) 추출법은 인체의 피부 및 애완동물들에게 유해하기 때문에 약한 불에 달여서 추출하는 게 매우 효과적이다.

멀구슬나무 열매 추출액을 인체나 피부에 조금도 해가되지 않게 적은 양을 샴푸바에 첨가하면 모근을 갉아먹는 모낭충의 기생을 억제하는 효과로 인하여 탈모에 많은 도움이 된다.

멀구슬 나무 열매

휴게 공간

  까만 도포를 입은 손오공이 적들과 싸우다 숫자에 열세를 느낀 나머지 머리카락을 뽑아서 입에 대고 바람을 불면 머리카락이 손오공과 똑같은 분신으로 변하는 특유의 전법을 쓰게 된다.

  적에게 쫓기면서 손오공은 머리카락을 한 움큼 뽑아서 후~ 불자 손오공과 똑같은 분신들이 여기저기 많이 생겨나서 적들이 섬멸하게 된다.

  그런데 묘한 일이 생겼다.
  손오공의 분신들은 모두 까만 도포를 입고 있었는데 하얀 도포를 입은 몇 안 되는 병사가 유난히 설쳐 대고 있었다.
  까만 도포의 병사는 하도 괴하고 궁금해서 흰색 도포를 입고 있는 병사를 불러 세웠다.

까만 도포병사: 보시요!!
하얀 도포병사: ……?
까만 도포병사: 생긴 거로 봐선 우리와 똑같은데 도포색이 어찌 좀 이상하오!!
               누구시요?
하얀 도포병사: 저는 새친데요!!
까만 도포병사: &#%$@*&^-&^_

  손오공도 새치(검은 머리에 섞여서 난 흰 머리카락)가 있었던 것 같습니다.

> 논문에 의하면 멀구슬나무 열매 추출액은 살충 효과가 나타나며 피부자극성과 안점막자극성 시험에서 자극이 없는 것으로 발표되었다.
> 멀구슬과 고삼을 원료로 한 식물추출물의 주요해충과 천적에 대한 독성평가
> Evaluation of Toxicity of Plant Extract Made by Neem and Matrine against Main Pests and Natural Enemies
> 순천대학교/황인천, 김진, 김형민, 김도익, 김선곤, 김상수, 장철

1) 샴푸바 MP 발모비누 레시피와 제조

원료	중량(g)	원료	중량(g)
스테아릭산	100	프로필렌글리콜	160
팔미스틱산	50	트리에탄올아민	160
미리스틱산	50	백설탕	80
라우릭산	100	라우라민옥사이드	80
동백오일	50	알로에베라겔	38
피마자유	50	실크아미노산	11
수산화나트륨	56	네추럴베타인	11
수돗물	135	디소듐이디티에이	2
멀구슬나무 추출액	9	우레아	8
구연산	5	향	5

2) 유지 설명

유지 총량은 모두 400g이며 포화지방산 300g과 오일 100g으로 레시피했다.

3) 가성소다수 설명

> 수산화나트륨 중량은 유지 총량400g에 대비해서 중량을 구한다.

유지 총량 = 스테아릭산 + 팔미스틱산 + 미리스틱산 + 라우릭산 + 동백유 + 피마자유

(400g = 100 + 50 + 50 +100 + 50 + 50)

유지의 비누화 값: 유지 총량대비 14%

유지 총량 400 × 0.14 = 56

수산화나트륨 희석시키는 수돗물의 양(g)은 유지 중량대비 36%

144g(수돗물의 중량) = 400g(유지 중량) × 0.36

추출물 유기화 방법과 추출물 함량 구하는 방법

멀구슬 나무 추출액 만드는 방법
수돗물 3.000g에 멀구슬나무 열매 300g 비율로 감압 추출합니다.
보편적으로 감압 추출은 건강원에 의뢰하면 됩니다.
건강원에서 수돗물을 사용해도 염소성분 등은 모두 휘발시켜서
사용하기 때문에 아무런 문제가 되지 않습니다.

추출물 유기화 방법
수산화나트륨으로 가성소다수를 제조할 때 멀구슬나무 열매 추출액을 수산화나트륨 녹이는 수돗물에 희석하여 멀구슬나무 가성소다수를 제조한 후에 유지와 반응시켜서 비누를 제조하면 멀구슬나무 열매 추출액이 제조된 비누에서 해리되지 않는다.

레시피에 의하면 멀구슬나무 열매 추출액 9g과 수돗물 135g이 표기되어 있다.
이는 수산화나트륨 녹이는 액상이며 모두 144g이다.

수돗물 144g에 대비해서 멀구슬나무 추출액 6%를 대입하여 계산하면 8.64g이고 수돗물 144g에서 멀구슬나무 추출액 6%를 삭감하면 수돗물의 중량은 135g이 된다.
희석액의 총 중량: 144g = 수돗물: 135g + 추출액: 9g

- 가성소다수 제조방법
  ① 수산화나트륨과 수돗물 그리고 멀구슬나무 열매 추출액을 계량한다.
  ② 수돗물에 멀구슬나무 열매 추출액을 희석한다.
  ③ 멀구슬나무 열매 희석액에 수산화나트륨을 천천히 부으면서 균질하게 녹인다.

4) 용제 설명

> 용제는 유지 총량 400g에 대비해서 중량을 구한다.

- 용제 함량 구하는 방법
  - 프로필렌글리콜: 유지 총량 대비 40%(160g)
  - 트리에탄올아민: 유지 총량 대비 40%(160g)
  - 백설탕: 유지총량 대비 20%(80g)
  - 라우라민옥사이드: 유지 총량 대비 20%(80g)

5) 첨가제 설명

첨가제로 구성된 원료는 알로에베라겔, 실크아미노산, 네추럴베타인, 디소듐이디티에이, 구연산, 향이다.

> 첨가제의 중량은 유지 중량, 가성소다수 중량, 용제 중량을 모두 더한 값에 계산한다.

1,080g(총량) = 400g(유지) + 56(수산화나트륨) + 144g(희석액) + 480g(용제)

- 알로에베라겔

    제조물 중량 대비 3.5%

    400g(유지) + 56(수산화나트륨) + 144g(희석액) + 480g(용제) = 1,080g

    1,080 × 0.035 = 37.8

- 실크아미노산

    제조물 중량 대비 1%

    400g(유지) + 56(수산화나트륨) + 144g(희석액) + 480g(용제) = 1,080g

    1,080 × 0.01 = 10.8

- 네추럴베타인

    제조물 중량 대비 1%

    400g(유지) + 56(수산화나트륨) + 144g(희석액) + 480g(용제) = 1,080g

    1,080 × 0.01 = 10.8

- 디소듐이디티에이

    제조물 중량 대비 0.2%

    400g(유지) + 56(수산화나트륨) + 144g(희석액) + 480g(용제) = 1,080g

    1,080 × 0.002 = 2.16

- 구연산

    제조물 중량 대비 0.5%

    400g(유지) + 56 (수산화나트륨) + 144g(희석액) + 480g(용제) = 1,080g

    1,080 × 0.005 = 5.4

- 우레아

    제조물 중량 대비 0.7%

    400g(유지) + 56(수산화나트륨) + 144g(희석액) + 480g(용제) = 1,080g

1,080 × 0.007 = 7.56

- 향

제조물 중량 대비 0.5%

400g(유지) + 56(수산화나트륨) + 144g(희석액) + 480g(용제) = 1,080g

1,080 × 0.005 = 5.4

6) 제조 방법

■ **만드는 방법**

① 유지와 용제, 첨가제 등을 각기 다른 용기에 계량해서 미리 준비한다.

② 수산화나트륨과 수돗물 그리고 멀구슬나무 열매 추출액을 계량하여 가성소다수를 제조한다.

③ 계량된 유지를 용기에 담아서 핫플레이트에 올려놓고 80~90℃로 가온하여 녹인다.

④ 제조된 가성소다수를 60℃ 이하에서 녹아 있는 유지에 부으면서 균질하게 저어 주며 반응시킨다.

⑤ **뻑뻑**하게 반응되면 80~90℃에서 PG를 넣고, 제조물을 녹인다.

⑥ PG를 넣고 10분 후에 80~90℃를 유지하며 TEA를 넣고 균질하게 섞는다.

⑦ 덩어리가 없도록 잘게 풀어 주며 80~90℃에서 라우라민옥사이드를 넣고 5분 후에 백설탕을 제조물에 고르게 뿌리며 균질하게 녹인다.

⑧ 첨가제를 넣고 10~20분가량 천천히 젓거나 교반하며 온도를 낮춘다.

⑨ 향을 첨가하고 천천히 균질하게 젓거나 교반하면 제조물이 맑고 투명해지면 제조물이 완료된다.

⑩ 비누제조물을 실온에서 몰드 등에 붓는다.

⑪ 비누제조물이 굳으면 몰드와 분리시킨다.

※ **보충설명**

1. 유지와 수산화나트륨, 용제와 첨가제 등을 별도의 용기에 계량하여 미리 준비한다.

2. 계량된 수돗물에 멀구슬 나무 열매 추출액을 붓고 희석한 후에 수산화나트륨을 희석수에 천천히 부으면서 균질하게 녹이며 멀구슬나무 열매 가성소다수를 제조한다.

3. 스테아릭산·팔미스틱산·미리스틱산·라우릭산·동백오일·피마자오일을 순서와 상관 없이 용기에 넣고 핫플레이트, 또는 가스레인지에서 80~90℃로 가온하여 녹인다.

   액상이 되도록 균질하게 젓거나 교반한다.

4. 미리 제조한 멀구슬나무 열매 가성소다수의 온도가 20~60℃ 되었을 때 상기 3의 녹아 있는 유지에 천천히 부으면서 젓거나 교반한다.

   이때 녹아 있는 유지의 온도는 80~90℃이며 가성소다수의 온도는 20~60℃가 적당하다.

   젓거나 교반하면 흰 구름 같은 모양으로 부풀어 오르거나 점도가 있는 덩어리가 된다.

   가성소다수가 보이지 않을 때까지 균질하게 젓거나 교반한다.

5. 80~90℃를 계속 유지하면서 제조물에 프로필렌글리콜을 붓고 약 5~10분 정도 균질하게 젓거나 교반한다.

   덩어리 같았던 제조물이 프로필렌글리콜을 붓게 되면 천천히 녹으면서 풀린다.

6. 제조물이 매우 약한 점도가 일어날 정도 되면 트리에탄올아민을 붓고 약 5~10분 정도 균질하게 젓거나 교반한다.

   약한 점도가 있던 제조물에 트리에탄올을 붓게 되면 균질하게 분산된다.

   이어서 라우라민옥사이드를 제조물에 붓고 약 5~10분 정도 균질하게 젓거나 교반한다.

7. 80~90℃를 계속 유지하면서 백설탕을 제조물에 붓고 약 5~10분 정도 균질하게 젓거나 교반한다.

8. 계량된 첨가제 알로에베라겔, 우레아, 실크아미노산, 네추럴베타인, 구연산을 제조물에 넣고 교반하며 디소듐이디티에이, 알란토인을 최소량의 수돗물에 녹여서 순서와 상관없이 제조물에 붓는다.

9. 가온을 중지하고 약 10~20분간 천천히 균질하게 제조물을 젓거나 교반하며 마

지막으로 제조물에 향을 첨가한다.
10. 제조물이 맑고 투명해지면 비누몰드에 붓는다.
    이때 거품이 생기면 에탄올을 제조물에 분사하면 거품이 없어진다.
11. 실온에서 2시간 후에 비누몰드와 비누를 분리하여 완성한다.

4. 바디바 MP비누와 레시피

인체에 사용되는 고형비누.
피부에 자극을 주지 않고 때와 노폐물 등을 깨끗이 씻어 내는 세정제이며 풍부한 거품과 함께 피부에 보습을 오래 유지시켜야 한다.

원료	중량(g)	원료	중량(g)
스테아릭산	100	프로필렌글리콜	160
팔미스틱산	50	트리에탄올아민	160
미리스틱산	50	백설탕	80
라우릭산	100	부틸렌글라이콜	80
올레산	50	알로에베라겔	38
피마자유	50	액토인	5
수산화나트륨	56	네추럴베타인	11
수돗물	101	디소듐이디티에이	3
기타 추출액	43	우레아	8
향	5		

지금까지 비누 베이스와 여러 종류의 MP비누를 직접 제조법으로 제조하며 유지의 특성, 가성소다수 제조방법, 용제의 역할과 첨가물의 기능 등을 수회 반복하며 충분히 설명했습니다.

독자께서 본서를 정독하셨다면 이제 레시피도 임의대로 직접 작성할 수 있는 기본실력을 충분히 쌓으셨을 것입니다.

따라서 지금부터 원료의 구성과 기능 그리고 제조방법 등은 생략하고 레시피만 기술합니다.
이제 레시피만 보면 머릿속에 제조방법이 자동으로 그려져야 합니다.
그래도 이해가 안 되면 처음부터 다시 정독하시길 권유드립니다.

5. 설거지 MP비누와 레시피

　석유계 합성화학 계면활성제로 제조된 주방세제를 장기적으로 사용할 경우에 인체의 면역을 약화시켜서 단백질 변성과 세포막을 파괴하는 등 발암의 원인이 되기도 한다.

　합성화학세제로 세척한 그릇에 세제류가 잔류되어서 간접적으로 흡입하거나 피부를 통해서 우리 인체에 들어오게 되는데 우리 인체는 이러한 성분을 모두 분해하지 못하고 일부만 배출되고 나머지는 체내에 축적된다.

따라서 주방세제에 사용되는 원료는 인체를 위해서 석유계 합성 화합물을 멀리하고 자연 친화적인 원료로 제조된 주방세제를 사용해야 한다.

따라서 안전을 위해서 설거지 고형비누가 요즈음 시대의 기류를 타고 트렌드가 되고 있다.

고형 설거지비누는 액상 세제처럼 플라스틱 통에 담겨져 있지 않고 비누형태로 만들어진 고형체다.

본서에 기술되어 있는 고체 주방세제 원료는 식물 소재인 팜과 코코넛 계열의 지방산과 세정 효과가 높은 무환자나무 추출액을 다량 첨가하여 제조하는 방법이다.

원료	중량(g)	원료	중량(g)
스테아릭산	100	프로필렌글리콜	160
팔미스틱산	100	트리에탄올아민	160
미리스틱산	100	포타슘코코에이트	100
라우릭산	100	백설탕	80
수산화나트륨	56	베이킹소다(중조)	5
수돗물	57	디소듐이디티에이	3
무환자나무 추출액	87	우레아	7
레몬 향	5		

6. 애완동물 MP비누와 레시피

반려동물에 관심이 커지면서 애완동물의 산업 규모가 나날이 발전을 더하고 있다. 세계적인 추세에 따라서 우리나라도 애완동물 보호 의식이 높아지고 가족(companion) 과 같은 존재감으로 인식되고 있다.

이에 따라서 애완동물 보호자들에게 반려동물 전용 욕실 용품 구매도가 높아지고 있다.

애완동물은 사람과 다르게 평균 5~10일에 한 번씩 샤워를 해 주는데 특히 애완견은 피부 표피층이 사람보다 얇기 때문에 피부에 자극을 주지 않고 각질 및 노폐물 제거와 피부와 모질의 냄새도 제거해 주어야한다.

애완동물은 혀로 몸을 핥기 때문에 애완동물용 세제를 제조할 때 계면활성제와 첨가물 선택에 세심한 노력을 기울여야 한다.

원료	중량(g)	원료	중량(g)
스테아릭산	100	프로필렌글리콜	160
팔미스틱산	50	트리에탄올아민	160

미리스틱산	50	백설탕	80
라우릭산	100	라우라민옥사이드	80
동백오일	100	아모디메치콘	6
구연산	5	알란토인	5
수산화나트륨	56	네추럴베타인	11
수돗물	101	디소듐이디티에이	3
붉나무 추출액	43	우레아	8
백탄 분말	3	파인 향	3

7. NO-T, MP비누 레시피

비누 베이스와 MP비누를 제조할 때 용제로 사용되는 TEA와 PG사용을 기피하는 경향이 있어서 NO-T. T-free 제조방법에 관해서 설명한다.

지금까지 비누 베이스 등 여러 종류의 비누를 제조할 때 TEA와 PG를 용제로 사용했는데 TEA와 PG를 사용하지 않고 비누 베이스 또는 MP비누를 제조하려면 TEA와 PG 대신에 다른 원료로 바꾸어 주면 된다.

TEA, 즉 트리에탄올아민 대신에 D-PG디프로필렌글라이콜을 대체물질로 사용하고 PG프로필렌글리콜은 글리세린으로 대체하기만 하면 된다.

제조방법이나 대체물질의 사용량은 일반 비누 베이스 제조방법과 같다.
참고로 이러한 방법으로 제조하게 되면 제조된 제조물이 화이트한 칼라가 나온다.

소금은 굵은 소금(천일염)을 사용하고 최소량의 물에 녹여서 첨가물을 첨가할 때 첨가한다.

원료	중량(g)	원료	중량(g)
스테아릭산	100	글리세린	160
팔미스틱산	100	디프로필렌글라이콜	160
미리스틱산	100	백설탕	120
라우릭산	100	디소듐이디티에이	3
수산화나트륨	56	알란토인	4
수돗물	144	쉐어버터	10
소금	21	네추럴베타인	10
향	5		

8. 글리세린 무첨가 NO-T, MP비누 레시피

NO-T. T-free 제조방법에서 트리에탄올아민(TEA) 대체물질로 디프로필렌글라이콜(D-PG)을 사용하고 프로필렌글리콜(PG)은 글리세린으로 대체했다.

그러나 글리세린을 사용하지 않고 제조할 경우에는 글리세린을 빼고 디프로필렌글라이콜(D-PG)의 중량(g)을 높여서 제조한다.

원료	중량(g)	원료	중량(g)
스테아릭산	100	디프로필렌글라이콜	280
팔미스틱산	100	백설탕	120
미리스틱산	100	디소듐이디티에이	3
라우릭산	100	알란토인	4
수산화나트륨	56	쉐어버터	10
수돗물	144	네추럴베타인	10
향	5		

제2절 MP비누 간접 제조방법

MP비누 간접 제조방법은 가장 기초적인 녹여 붓기 제조방법이며 누구나 특별한 기술 없이 쉽게 만들 수 있는 장점이 있다.

그러나 MP비누의 주원료인 비누 베이스를 본인이 직접 제조하지 않고 다른 사람에 의해서 가공되어 있는 반제품을 사용하면 비누의 보습, 거품, 클렌징, 단단함 등을 제조자가 의도 하는 대로 비누의 특성을 살리지 못하는 단점이 있다.

1. MP비누 간접 제조

비누 베이스를 잘게 썰어서 스테인리스 용기에 넣고 가온시켜서 비누 베이스를 액상으로 녹인 후에 첨가제 등을 넣고 균질하게 교반하여 비누 제조물을 비누몰드 등에 붓고 실온에서 경화되면 비누제조물을 몰드와 분리시켜서 완성된다.

1) 보습 MP비누 레시피

원료	중량(g)
비누 베이스	1,000
코코글루코사이드	50
달맞이 종자유	20
쉐어버터	10
알란토인	5
네추럴베타인	5
구연산	5
히알루론산	10
향	5

2) 클렌징 MP비누 레시피

원료	중량(g)
비누 베이스	1,000
코코글루코사이드	100
오랜지오일	50
쉐어버터	20
알란토인	5
비타민	5

SP비누 제조

1. SP비누(Soliloquy Process Soap)란?

SP 비누는 필자의 호(號)인 "독백"의 이니셜을 사용하여 독백 'Soliloquy'의 첫 자 'S' 자와, 만들다 'Process'의 첫 자 'P'로 구성된 독백의 SP 제조방법이다.

SP 비누는 2005년 필자가 최초로 명명(命名)한 비누 이름이며 비누의 특징은 MP 비누의 단점과 CP비누의 단점을 보완하여 지방산과 오일을 융화시킨 비누다.
누구나 제조하여 유통할 수 있도록 2010년 5월에 출간된《독백과 함께 천연비누 제대로 만들기》책에 제조기술을 발표했다.

그리고 필자가 천연비누를 강의할 때 기존의 비누 제조 방법에만 국한시켜서 비누를 만들지 말고 제조 방법을 스스로 개발하여 본인의 성이나 특정한 이름을 따서 이니셜로 사용하여 첫 자를 어두(語頭)에 붙이고, 만들다(Process)라는 단어를 어미(語尾)에 붙여서 성이 김 씨면 KP 비누, 유 씨면 YP 비누, 라 씨면 LP 비누 등으로 자신만의 노하우를 개발하여 비누 제조법으로 이름 지으라고 강조했다.

이후 《독백의 천연비누 완전정복》 1~3쇄까지 출간하며 줄곧 같은 말을 기술했다. MP비누, CP비누, HP비누 등도 이러한 맥락에서 지어진 이름이며 제조방법이다.

SP비누는 MP비누와 CP비누를 융화시킨 비누이며 지방산과 오일 등으로 고온에서 제조된다.

특히 SP비누는 비누 제조시간을 단축시키며 비누의 경도를 나타내는 INS 값을 무시할 정도로 비누가 단단하며 풍부한 거품과 보습이 우수하다.

순비누분 함량이 많고 유리 알칼리 검출이 없으며 제조 방법에 따라서 직접 제조법과 간접 제조법 두 종류로 분류한다.

MP비누와 CP비누는 각기 장점과 단점이 있다.
장점은 살리고 단점을 장점으로 만드는 제법을 SP(Soliloquy Process)비누제법이라 한다.

1) MP비누의 장점과 단점

■ 장점

① 가온시키면 비누 베이스 또는 제조된 비누를 쉽게 녹여서 재가공이 가능하다
② 포화지방산이 주원료이기 때문에 비누가 매우 단단하다.
③ 다량의 첨가물을 비누 제조물에 첨가할 수 있다.
④ 비교적 물에 쉽게 풀어지지 않는다.(제조방법에 따라서 다름)
⑤ 조밀한 거품이 많이 일어난다.

⑥ 유리 알칼리가 검출되지 않는다.
⑦ 제조 시간 짧다.
⑧ 방부제를 첨가하지 않아도 보존 기간 매우 길다.
⑨ 클렌징 효과가 매우 우수하다.
⑩ 향이 오래 지속된다.

■ 단점

① 보습력 낮다.
② 피부흡수력이 떨어진다.
③ 풍부한 거품 적다.
④ 온도가 조금 높으면 잘 녹는다.
⑤ 다습하면 비누 표면에 물방울이 맺힌다.
⑥ 오래 보존하면 함몰현상이 나타난다.

2) CP비누의 장점과 단점

■ 장점

① 보습력 매우 우수하다.
② 피부흡수력 좋다.
③ 풍부한 거품 많이 일어난다.
④ 사용감이 부드럽고 마일드 하다.

■ 단점

① 재활용을 위해서 고온으로 가온 시켜도 용매(溶媒)를 사용하지 않으면 녹지 않는다.
   (용제를 첨가한 CP 비누 베이스 제외)
② 제조된 비누가 매우 무르다.
③ 첨가물을 제조물에 다량으로 첨가할 수 없다.
④ 사용감이 헤프고 물에 쉽게 풀어진다.

⑤ 제조시간 매우 오래 소요된다.
⑥ 보존 기간이 MP비누에 비해서 짧다.
⑦ 인공향(FO)을 첨가하는 데 한계가 있다. (향료에 따라서 급 경화됨)
⑧ 클렌징 효과가 약하다.
⑨ 향이 오래 지속되지 않는다.

3) SP비누의 장점과 단점

■ **장점**

① 비누의 경도를 쉽게 조절할 수 있다.
② 굵은 거품과 조밀한 거품을 쉽게 조절할 수 있다.
③ 에센셜오일이나 향을 비누 속에 오래 보존시킬 수 있다.
④ 빠른 산화를 방지하고 비누의 보존기간을 오래 유지시킬 수 있다.
⑤ 첨가물을 다량 첨가할 수 있다.
⑥ MP비누인지 CP비누인지 구별하기 어렵고 비누가 부드럽고 순하다.
⑦ 잉여오일로 인한 산화율이 적다.
⑧ 비누의 품질이 다른 제법에 비해서 상당히 높다.
⑨ 순비누분 함량이 높다. (건조 중량이 많음)
⑩ 긴 숙성 시간을 요하지 않는다.
⑪ 재활용을 위해서 고온으로 가온 시키면 용매(溶媒)를 사용하지 않아도 재가공이 가능하다. (그 외 장점이 있으나 중요한 10가지만 기술했음)

■ **단점**

① 비누 베이스와 CP비누를 각기 제조해야 한다.
② MP비누에 비해서 제조시간이 길다.

2. CP비누 제조 이론

수제비누는 물리학상이 아닌 기술 분야에 의해서 통상적으로 60℃ 이하에서 오일을 주원료로 사용하여 비누를 제조하면 CP비누라고 한다.

CP비누는 저온에서 유지를 수산화나트륨으로 반응시켜서 비누를 제조하는 방법이다. 이는 직접 레시피를 작성하여 내가 의도하는 대로 비누를 만들 수 있으나 4주 이상 긴 중화 시간이 요구되는 단점이 있다.

그리고 저온에서 제조되었기 때문에, 제조된 비누 속에 산소 분자가 많아서 제조된 비누가 무르고, 산화가 빠르다.

1) CP비누 개념

CP비누는 Cold Process의 Cold, 즉 저온의 첫 자인 C와, Process, 만들다의 첫 자인 P로 구성된 저온제조법의 줄임말이며 낮은 온도에서 유지를 수산화나트륨으로 반응시켜서 제조하는 비누다.

CP비누 제조에 사용되는 유지는 동, 식물계에 널리 존재하며 단백질 및 탄수화물과 함께 생물체의 주요 성분을 이루고 있으며, 탄소 분자를 가지고 있는 유기화합물이다.

유기화합물만이 비누를 제조할 때 수산화나트륨과 반응 된다.
CP비누를 제조하는 주원료인 유지는 코코넛유, 피마자오일, 올리브오일 등의 오일 종류이며 제조방법에 따라서 지방산을 포함하기도 한다.

CP비누는 거품, 보습, 세정, 단단함의 4대 요소가 필수적으로 동반되어야 하며, 가성소다수를 제조하여 유지와 반응시키는 등 세심한 작업공정이 요구된다.

뿐만 아니라 제조과정에서 pH를 조절해 주고, 제조기간을 단축시켜야 하는, 중화

기술이 요구된다.

CP비누는 저온에서 만들어지기 때문에 일반적으로 제조 후에 자연 중화시키면 보통 4주에서 6주 정도 소요되어야 페하(ph) 수치가 떨어진다.

4주에서 6주간 소요되는 시간을 숙성시간이라고 표현하는데 아주 틀리는 말은 아니지만 유지와 수산화나트륨이 반응되어서 제조되는 비누는 숙성이라는 표현보다 중화라는 표현이 더 올바르다고 할 수 있다.

CP비누는 저온에서 제조되기 때문에 트레이스 이후에도 제조물을 구성하고 있는 원료의 분자들은 서로 붙어서 엉켜 있으며 매우 느리게 중화 반응한다.

그러나 CP비누 제조물에 열에너지를 넣어 주면 붙어 있던 분자들이 활성화되어서 분자 간의 결합이 끊어지기 때문에 유지와 수산화나트륨이 빠르게 반응되어서 비누화가 촉진되고 ph가 떨어지게 된다.

정리하면 CP비누의 핵심 제조기술은 중화 기술이다.
독자 여러분께서는 앞으로 제조되는 CP비누는 숙성시킨다는 표현을 하지 말고 이제 중화라는 메커니즘으로 퀄리티가 높은 CP비누를 만들었으면 한다.

숙성이라는 말은 어떤 물질의 제조과정이나 공정에 있어서 조직 등이 불충분한 것을, 일정 기간 동안 보호하여 알맞은 성질을 갖게 하는 과정, 또는 알맞은 상태가 될 때까지 일정시간을 방치하는 것을 의미한다.

반면에 중화라는 말은, 서로 다른 성질을 가진 물질이 섞여서 각각의 성질을 잃거나, 또는 그 중간의 성질을 나타나게 하는 것을 중화라고 한다.

이를 확인하기 위해서 비누 제조물이 중화되는 과정을 직접 볼 수 있다.
오일을 수산화나트륨으로 반응시킨 CP비누 제조물을 전기온장고에 넣고 65~75℃

로 맞추어 놓으면 잠시 후에 비누 제조물이 부글부글 끓는 것을 볼 수 있다.

오일이 끓는 온도는 180℃ 이상의 온도다.
뜨거워서 끓는 것이 아니라 오일과 수산화나트륨이 반응되는 현상이다.
이를 중화 현상이라 하며 CP비누 중화 적정온도는 65℃이다.

CP비누를 제조할 때 숙성이라는 개념을 가지고 CP비누 제조 후에 긴 시간을 기다리는 것 보다, 중화라는 메커니즘으로 제조해야 제대로 된 비누를 제조할 수 있을 뿐 아니라, 제조 시간을 상당히 많이 줄일 수 있다.

이제 비누를 숙성시킨다는 시간 낭비적인 해프닝스러운 단어는 생략하고, 저열 중화법으로 CP비누의 가장 기본적이고, 핵심적인 제조방법을 알아보도록 하겠다.

2) CP비누 원료와 요오드화 값, INS값, 비누화 값

CP비누에 사용되는 주원료는 오일이며 오일은 물보다 가벼워서 수면 위에 엷은 층으로 이루어져서 뜨며 상온에서 액상이며 종류별로 점성이 다르고 물에 용해되지 않는 특징이 있다.

오일의 종류는 매우 많고 다양하며 종류별로 성격과 특성이 다르다.
CP비누를 제조할 때 사용되는 오일은, 베이스 오일, 거품 오일, 세정 오일 그리고 보습을 주는 캐리어 오일로 구분한다.

오일 효과	오일 종류
풍부한 거품	코코넛유, 피마자유, 아보카도유, 미강유 등
세정효과	코코넛유, 미강유, 망고유, 오렌지유, 스윗아몬드오일 등
보습	아보카도오일, 포도씨 오일, 달맞이꽃 오일, 로즈힙 오일 등
베이스 오일	팜유, 코코넛유, 피마자유, 올리브유, 미강유, 해바라기오일 등

CP비누를 제조하려면 요오드화 값, INS값, 비누화 값이 무엇인지 기본으로 알고 있어야 한다.

- 요오드화 값

    유지 100g에 부가되는 요오드(I_2)의 g수이며, 기름의 불포화도이다.

    요오드값이 커질수록 산화가 빠르고 요오드화 값이 낮아질수록 포화지방산에 가까워서 단단한 비누가 된다.

* 건성유: 요오드화 값 130 이상

    지방산의 이중결합으로 불포화도가 높기 때문에 공기 중에서 산화되어 기름액 표면에 피막이 형성되며 공기 중에 방치하거나 가열하면 산소를 흡수하고 점도가 차차 증가되어 고화하는 성질을 가진다.

    대표적인 오일: 들기름, 포도씨유, 해바라기유

* 반건성유: 요오드화 값 100~130

    공기 중에서 건성유보다 얇은 피막이 형성됨.

    대표적인 오일: 콩기름, 참기름, 면실유, 채종유

* 불건성유: 요오드화 값 100

    공기 중에서 피막이 형성되지 않는 안정된 기름으로 공기 중에서 쉽게 굳어지지 않는다.

    대표적인 오일: 땅콩유, 올리브유, 피마자유, 야자유 등

요오드화 값

오일	요오드화 값	오일	요오드화 값
스윗아몬드	93-106	쿠쿠이넛	155-175
살구 Apricot Kernel Oil	92-108	님오일 Neem Oil	84-94
아보카도	80-95	마카데미아	73-79

피마자 Castor Oil	82-90	망고	47-65
코코아버터 Cocoa Butter	33-42	올리브 Olive Oil	79-95
코코넛오일 Coconet Oil	10 이상	팜 Palm Oil	
카놀라	105-120	윗점 Wheat Germ Oil	125-135
옥수수 Corn Oil	103-130	미강유 Rice Bran Oil	110-123
달맞이꽃종자유 Evening Promise Oil	135-165	복숭아씨	99-110
에뮤오일	60-75	참깨 Sesame Seed Oil	105-115
녹차씨오일	80-92	쉬어버터 Shea Butter	55-71
포도씨 Grape Seed Oil	125-142	콩기름	124-132
홍화씨 Safflower Oil	86-140	해바라기	120-138
아마씨	105-115	헤이즐넛 Hazelnet Oil	90-103
호호바 Jojoba Oil	80-85	라드	43-57
밀납 Bees wax	10	미리스틱산 Myristic acid	1
오일	요오드화 값	오일	요오드화 값
스윗아몬드	93-106	쿠쿠이넛	155-175
살구 Apricot Kernel Oil	92-108	님오일 Neem Oil	84-94
아보카도	80-95	마카데미아	73-79
피마자 Castor Oil	82-90	망고	47-65
코코아버터 Cocoa Butter	33-42	올리브 Olive Oil	79-95
코코넛오일 Coconet Oil	10이상	팜 Palm Oil	
카놀라	105-120	윗점 Wheat Germ Oil	125-135
옥수수 Corn Oil	103-130	미강유 Rice Bran Oil	110-123
달맞이꽃종자유 Evening Promise Oil	135-165	복숭아씨	99-110
에뮤오일	60-75	참깨 Sesame Seed Oil	105-115
녹차씨오일	80-92	쉬어버터 Shea Butter	55-71
포도씨 Grape Seed Oil	125-142	콩기름	124-132
홍화씨 Safflower Oil	86-140	해바라기	120-138
아마씨	105-115	헤이즐넛 Hazelnet Oil	90-103
호호바 Jojoba Oil	80-85	라드	43-57
밀납 Bees wax	10	미리스틱산 Myristic acid	1

- INS값

    유지(오일)의 사용량에 INS값을 곱한 후에 유지 총량으로 나누어서 160 이상 숫자가 나오면 물에 닿지 않은 상태에서 비누의 굳기가 적정하다는 이론인데, 본서에서 제조되는 비누의 단단함은 그 이상의 수치를 나타냄으로 INS값을 생략했다.

- 비누화 값

    유지 1g을 비누화 시키는데 사용되는 수산화나트륨의 중량(g).

〈표 7〉

유지(1g)	비누화 값(가성소다 g)
ㄱ	ㄱ
넛멕버터(Nutmeg Butter)	0.116
녹파씨유	0.137
ㄴ	ㄴ
님 오일(Neem Oil)	0.136
ㄷ	ㄷ
달맞이꽃 오일(Evening primrose oil)	0.136
동백 오일(Camellia Oil)	0.136
ㄹ	ㄹ
라놀린(Lanolin (Wool Fat))	0.074
로즈힙 오일(Rosehip Seed Oill)	0.138
라드 (돼지기름)(Lard)	0.138
ㅁ	ㅁ
마이즈(옥수수씨눈)오일(Maize Oil)	0.136
마카다미아 오일(Macadamia Nut Oil)	0.139
망고 오일(Mango oil)	0.128
망고버터(Mango Butter)	0.137
머스타드 오일(Mustard Oil)	0.124
면실유(Cottonseed Oil)	0.139
미강유(Rice Bran Oil)	0.128
밀납(흰색)(Bees Wax (white))	0.069
밍크 오일(Mink Oil)	0.140
ㅂ	ㅂ
바바수 오일(Babassu Oil)	0.175
버진 코코넛오일(virgincoconut)	0.195
보리지 오일(Borage Oil)	0.136
복숭아 핵오일(Peach Kernel)	0.137

ㅅ	**ㅅ**
살구씨 오일(Apricot Kernel Oil)	0.135
스테아르산(Stearic Acid)	0.148
시어버터(Shea Butter)	0.128
식물성 쇼트닝(Shortening (Vegetable))	0.136
ㅇ	**ㅇ**
아르간(Argan)	0.136
아마씨유(Flaxseed Oil)	0.136
아몬드 오일(Almond Oil (Sweet))	0.136
아보카도 오일(Avocado Oil)	0.133
에뮤 오일(EMU)	0.136
올리브유(Olive Oil)	0.134
올리브퍼머유(Olive Pomace Oil)	0.156
우지(Beaf Tallow)	0.139
월넛(호두) 오일(Walnut Oil)	0.135
윗점(밀배아) 오일(Wheatgerm Oil)	0.131
유채유(Canola Oil)	0.132
ㅊ	**ㅊ**
참깨씨 오일(참기름)(Sesame Seed Oil)	0.133
ㅋ	**ㅋ**
카렌듈라 오일(금잔화)(Calendula Oil)	0.137
캐놀라 오일(채종유)(Canola Oil)	0.174
커피콩 오일(Coffee-seed oil)	0.130
코코넛 오일(Coconut Oil)	0.190
코코아버터(Cocoa Butter)	0.137
콩기름(Soybean Oil)	0.135
쿠쿠이넛 오일(Kukui Nut Oil)	0.135
ㅌ	**ㅌ**
타조 오일(Ostrich Oil)	0.139
ㅍ	**ㅍ**
팜버터(Palm Butter)	0.156
팜올레인유(Palm Olein Oil)	0.134
팜유(Palm Oil)	0.141
팜커널유(Palm Kernel Oil)	0.156
패릴라(들깨) 오일(Perilla Oil)	0.137
폐식용유(콩유)	0.135
포도씨 오일(Grapeseed Oil)	0.127
피넛(땅콩) 오일(Peanut Oil)	0.136
피마자 오일(Castor Oil)	0.129
ㅎ	**ㅎ**
해바라기유(Sunflower Seed Oil)	0.134
헤나 오일	0.156
헤이즐넛 오일(Hazelnut Oil)	0.136
헴프시드 오일(대마유)(Hemp Seed Oil)	0.135
호박씨 오일(Pumpkinseed Oil)	0.133
호호바 오일(JoJoba Oil)	0.069
홍화씨 오일	0.136

3) CP비누 레시피와 해설

CP비누 레시피

원료	중량(g)	원료	중량(g)
팜유	200	달맞이꽃 오일	150
코코넛유	300	수산화나트륨	152
올리브오일	200	수돗물	330
피마자 오일	150		

SP비누를 제조하려면 먼저 CP비누를 제조한다.

일반적으로 CP비누 레시피를 작성할 때 유지 총량을 100%로 계산하면 팜과 코코넛유를 전체 오일의 30~50% 내외로 구성한다.

예) 팜: 15~25%, 코코넛: 15~25%

나머지 유지(오일)는 제조자의 취향에 따라서 올리브오일, 달맞이꽃 오일 등을 선택 할 수 있다.

레시피를 살펴보면 오일 총량은 1,000g, 수산화나트륨은 152g, 수산화나트륨을 희석할 수돗물은 330g이다.

- 오일별 레시피 해설
    - 비누를 단단하게 만들어 주는 오일: 팜유, 코코넛유
    - 거품을 내어주는 오일: 코코넛, 피마자오일
    - 컨디셔닝, 보습 오일: 올리브 오일, 달맞이꽃 오일

- 오일별 요오드화 값(아이오딘 값) 해설

    팜유, 코코넛유, 피마자오일, 올리브오일은 요오드화 값이 100 이하의 불건성유로 포화도가 높아서 비교적 산화가 더디고 단단한 비누를 만들 수 있으며, 달맞이꽃 오일은 요오드화 값이 높은 건성유이기 때문에 산화의 원인이 되지만 컨디셔닝, 보습의 효과가 크다.

- 구성된 포뮬라(formula)의 특징

  레시피를 살펴보면 비누를 단단하게 만들어 주는 오일30~40%, 세정의 효과가 있는 오일이 20~30%, 컨디셔닝과 보습은 20~30%, 거품을 만들어 주는 오일은 30~40%를 차지하고 있다.

- 비누화 값 계산

  유지(오일) 1g이 비누가 되는 수산화나트륨의 중량(g)을 비누화 값이라 하며 오일별로 비누화 값이 다르기 때문에 표7을 보면서 오일별로 비누화 값을 계산해서 구해야 한다.

* 참고 *
- 오일별 비누화 값

  비누화 값은 유지(오일) 1g을 비누화시키는 데 필요한 수산화나트륨의 중량(g)이다.

  유지에 들어있는 에틸기(ethyl group)가 길어질수록 비누화 값이 작아진다.

  비누를 제조할 때 유지별로 비누화 값을 정확히 계산해야 한다.

- 레시피의 오일과 비누화 값

  팜유: 0.141g/코코넛유: 0.190g/올리브오일: 0.134g/피마자유: 0.129g/달맞이꽃 오일: 0.136g

- 비누화 값을 구한다.

  1. 각 유지(오일)별로 오일의 양에 비누화 값을 곱한다.
  2. 비누화 값을 곱한 중량을 모두 더한다.

  ex) 28.2g + 57g + 26.8g + 19.35g + 20.4g = 151.75g

오일	공식	중량
팜오일	200 × 0.141	28.2g
코코넛오일	300 × 0.190	57g
올리브오일 오일	200 × 0.134	26.8g
피마자 오일	150 × 0.129	19.35g
달맞이꽃 오일	150 × 0.136	20.4g

수산화나트륨의 양: 151.75g

- 수산화나트륨을 희석시킬 수돗물의 양

　오일 총량의 33%

　ex)

　팜유 200 + 코코넛유 300 + 올리브 오일 200 + 피마자 오일 150 + 달맞이꽃 오일 150 = 1,000

　1,000 × 0.33 = 330g

* 참고 *

디스카운트와 슈퍼펫 두 가지 방법 중 하나를 선택한다.

본 레시피는 디스카운트와 슈퍼펫을 적용시키지 않았다.

제조방법에 따라서 별도의 오일을 잉여부분으로 1~5%를 첨가할 수 있다.

이를 슈퍼펫 또는 잉여오일(remainder oil)이라 한다.

잉여오일은 캐리어오일(carrer oil)을 선택하는 게 바람직하다.

디스카운트(discount)

디스카운트 약자 DC.

오일을 비누화시키는 데 사용되는 수산화나트륨의 양을 줄이는 방법.

과량의 디스카운트는 오일이 산화되어서 비누의 생명이 단축된다.

보편적으로 3~8% 정도의 디스카운트가 권장할 만한 수치이다.

디스카운트 숫자가 높을수록 수산화나트륨 적게 들어감으로 비누가 순해진다.

5%를 DC하게 되면 오일의 5%는 비누화가 되지 않고 그대로 남아 있게 된다. 남아 있게 되는 5%의 오일이 어떤 오일인지는 정확히 구별하기 어렵다.
DC는 대체로 3-8%를 하는데 여름엔 3-5%, 겨울엔 5-8% 정도가 적당하다.
그러나 여름철의 경우는 DC를 많이 해 준 비누일수록 산화가 빨리 진행된다.

슈퍼펫(superfat)

오버펫이라고도 하며 부드럽고 보습이 좋은 비누를 만들기 위해서 비누화하지 않은 오일을 그대로 비누에 남기는 방법이다.

비누를 만들 때 트레이스가 약하게 일어나거나 또는 트레이스 바로 직전에 일정량의 오일을 첨가해 주는 방법으로 비누화를 거치지 않았기 때문에 오일의 성분이 남아 있어서 오일의 효과를 효율적으로 피부에 전달할 수 있다.

대략 3%이내의 슈퍼펫이 권장할 만한 수치이다.

가성소다수를 제조한다

가성소다수를 제조하기 위해서 수돗물에 수산화나트륨을 반응시키면 화학 반응을 일으켜서 높은 온도로 상승한다.

따라서 온도가 내려가는 시간이 소요되기 때문에 가성소다수를 미리 제조해 놓는다.

수산화나트륨은 유독성 물질이고 부식성이 강하여 피부에 닿게 되면 화상위험이 있다.
가성소다수를 제조할 때 반드시 마스크와 앞치마 그리고 고무장갑 등을 착용한 후에 작업해야 안전하다.

가성소다수를 제조할 때 계량된 수돗물에 계량된 수산화나트륨을 넣고 희석하여 제조물을 만든다.
수산화나트륨을 희석시킬 수돗물의 양은 전체 오일 양의 30~40%이며 보편적으로 33%를 사용하는 게 바람직하다.

> 가성소다수를 제조할 때 반드시 내열용기를 사용해야 하며 수산화나트륨은 인체에 위험하고 유해한 가스가 발생하기 때문에 환기가 잘되는 곳에서 바람을 등지고 보호 장구를 착용한 후에 작업해야 한다.
> 가성소다수를 제조하기 위해서 수산화나트륨에 수돗물을 부으면 폭발위험성이 있으므로 반드시 가성소다수를 제조할 때는 수돗물에 수산화나트륨을 넣어야 한다.
> 수산화나트륨과 수돗물이 반응하면 용량에 따라서 80~100℃ 이상의 높은 온도로 상승 된다.
> 수산화나트륨이 모두 용해되도록 스테인리스 도구 또는 스푼 등으로 잘 저으면서 온도를 낮춘다.
> 가성소다수의 온도가 70℃ 이하로 떨어지면 흐리고 뿌옇던 가성소다수의 액상이 맑고 투명해 진다.

4) CP비누 제조

■ **만드는 방법**

① 레시피를 작성한다.
② 오일과 수산화나트륨, 수돗물 등을 각기의 용기에 계량한다.
③ 가성소다수를 제조한다.

④ 오일을 용기에 넣어서 핫플레이트 위에 올려놓고 충분히 녹을 때까지 50℃로 가온시키며 균질하게 젓거나 교반한다.
⑤ 오일이 모두 맑게 녹으면 제조된 가성소다수를 넣고 트레이스가 일어나게 균질하게 젓거나 교반한다. 이때 가성소다수의 온도는 50℃를 넘지 않아야 한다.
⑥ 트레이스가 일어나면 60~70℃에서 4시간 열 중화시킨다.
⑦ 열 중화 과정이 끝나면 제조물을 실온에서 자연 경화시킨다.
⑧ 1~2일 정도 지나면 제조물이 경화된다. 이때 비누제조물을 비누 몰드와 분리한 후 3~5일 정도 실온에서 건조하여 완성된다.

※ 보충설명

1. 유지와 수산화나트륨, 수돗물을 별도의 용기에 계량하여 미리 준비한다.
2. 계량된 수돗물에 수산화나트륨을 천천히 부으면서 균질하게 녹인다.
3. 유지를 담는 용기는 비누제조물 총량 부피의 ⅔ 정도 여유가 있는 큰 용기를 사용한다.
   그리고 스테인리스 용기 및 유리용기 등 내열 용기를 사용한다.
   팜유·코코넛유·올리브오일·피마자오일·달맞이오일을 순서와 상관없이 용기에 넣는다.
   유지를 핫플레이트에 올려놓고 40~50℃ 정도로 가온하여 녹인다.
4. 미리 제조한 가성소다수의 온도가 30~50℃ 되었을 때 상기 3의 녹아 있는 유지에 천천히 부으면서 젓거나 교반한다.
   이때 녹아 있는 유지의 온도는 40~50℃이며 가성소다수의 온도는 30~50℃가 적당하다.
   젓거나 교반하면 약한 트레이스가 일어난다.
5. 트레이스가 일어나면 제조물을 몰드 등에 붓는다.
   (트레이스가 너무 강하면 제조물이 굳어서 몰드에 붓기 어렵다.)
6. 온장고 내부의 온도를 60~70℃로 설정하고 트레이스가 일어난 제조물을 온장고에 넣는다.
7. 제조된 CP비누 제조물을 60~70℃를 유지하며 온장고 안에서 4시간 열 중화

시킨다.
8. 열 중화시킨 제조물을 밖으로 꺼내서 실온에서 1~2일 정도 경화시킨다.
9. 경화된 비누 제조물을 비누 몰드와 분리하여 통풍이 잘 되는 곳에서 건조시킨다.

3. MP비누(직접 제조법)

SP비누는 MP비누와 CP비누를 융화시킨 비누다.
SP비누는 CP비누를 제조한 후에 MP비누를 직접법으로 제조하는 과정에서 이미 제조된 CP비누를 MP비누 제조물에 첨가하여 융화시키는 공법으로 제조된다.

SP비누를 제조하기 위해서 MP비누를 직접 제법으로 제조하려면 제조물을 구성하는 원료와 용제, 첨가물 등의 구성비를 익히 알고 있어야한다.

1) 유지 구성
- 포화지방산(fatty acid): 스테아릭산, 팔미스틱산, 미리스틱산, 라우릭산
- 불포화지방산(unsaturated fatty acid): 올레산
- 오일(oil): 피마자오일

유지	유지 종류	특징
스테아릭산	포화지방산	단단함, 컨디셔닝
팔미스틱산	포화지방산	거품유지, 단단함, 컨디셔닝
미리스틱산	포화지방산	보습, 조밀한 거품, 세정
라우릭산	포화지방산	세정, 큰 거품
올레산	불포화지방산	안정된 보습
피마자오일	오일	유리알칼리 중화, 보습

SP비누를 제조하기 위해서 MP비누를 직접제법으로 제조할 때 사용되는 지방산은 스테아릭산, 팔미스틱산, 미리스틱산, 라우릭산 4종류다.

스테아릭산과 팔미스틱산은 팜유에서 그리고 미리스틱산과 라우릭산은 코코넛유에서 유래된 흰색 분말이다.

올레산은 기름을 의미하는 라틴어(oleum)에서 유래되었고 주성분은 오메가-9 단일 불포화 지방산이다.

피마자오일은 피마자 씨앗에서 얻은 유지이며 주성분은 리시놀레인이다.
리시놀레인은 피부자극을 완화시키는 역할을 한다.

2) 가성소다수 제조

수산화나트륨을 수돗물에 희석시킨 용액을 가성소다수라 한다.

〈표 8〉

지방산	비누화 값
스테아릭산(Stearic Acid)	0.148
팔미틱산(Palmitic Acid)	0.153
미리스틱산(Myristic acid)	0.176
라우릭산(Lauric Acid)	0.195
올레산(oleic acid)	0.136
피마자유(Castor oil)	0.129

비누화 값 = 유지 1g으로 비누를 만드는데 사용되는 수산화나트륨의 중량(g)

표 8과 같이 유지마다 고유의 비누화 값이 있다.
그러나 SP비누를 제조하기 위해서 MP비누를 제조할 지방산 총중량에 대비하여 14% 수산화나트륨 중량(g)을 구한다.

예) 스테아릭산 300g + 미리스틱산 300g + 팔미틱산 300g + 라우릭산 300g + 올레산 150g + 피마자오일 150g = 1,500g

1,500g × 0.14(14.%) = 210g(비누화 값)
수산화나트륨의 중량은 210g

수산화나트륨의 중량이 구해지면 가성소다수를 제조하기 위해서 수돗물을 준비한다. 가성소다수는 수산화나트륨이 희석된 용액이다.

가성소다수를 제조할 때 계량된 수돗물에 계량된 수산화나트륨을 넣고 균질하게 섞어서 충분히 용해된 후에 사용한다.
수돗물의 양은 유지 총량 대비 33~40%를 사용하는데 바람직하게는 36%를 사용한다.

3) 용제 구성

유지를 가성소다수로 비누화 반응시킨 후에 반응된 제조물을 용해시키기 위해서 첨가되는 물질이 용제다.

- 디프로필렌글라이콜(Propylene Glycol)
  서로 섞이지 않는 성분들을 균일하게 섞이게 하는 유화역할을 하며 피부에 수분을 유지하는 등 보습의 특징이 있다.

- 트리에탄올아민(Triethanolamine)
  수상층과 유상층을 잘 섞이게 한다.

- 백설탕(White sugar)
  정제 과정을 거친 흰 설탕이며 제조물에 점성을 준다.

용제의 특징

원료명	특징
프로필렌글리콜	유지를 분해하여 잘 섞이게 함, 용해
트리에탄올아민	유화, 분산
백설탕	보습, 점성

4) 첨가제 구성

알란토인(Allantoin), 디소듐이디티에이(Disodium EDTA), 구연산(Citiric acid), 우레아(Urea)

- 알란토인
  피부에 수분을 주고 민감한 피부를 보호함.
  아토피·각질 제거·가려움증에 효과가 있어서 의약품·화장품 등에 사용된다.

- 디소듐이디티에이
  산화방지·변색방지·금속이온봉쇄제로 사용되며 제형을 제조할 때 생기는 금속이온(나트륨·미네랄 등)과 결합하여 제형의 품질저하·산패 및 부식 등 침전물 방지에 사용됨.

- 구연산
  방부제 역할을 하며 pH수치를 낮춘다.

- 우레아
  동의어로 요소라고도 한다.
  피부를 부드럽게 하는 연화제 역할과 함께 비누의 제형을 단단하게 한다.

5) SP비누 레시피와 설명

원료	중량(g)	원료	중량(g)
스테아릭산	100	백설탕	100
팔미스틱산	50	디소듐이디티에이	3
미리스틱산	100	알란토인	4
라우릭산	100	네추럴베타인	5
올레산	25	쉐어버터	5
피마자유	25	구연산	7
수산화나트륨	56	CP비누 제조물	153
수돗물	144	우레아	7
프로필렌글라이콜	160	향	5
트리에탄올아민	160		

6) 유지 설명

SP비누를 제조하기 위해서 포화지방산과 불포화지방산 그리고 오일을 균형 있게 포뮬레이션했다.
- 유지 총량: 400g(포화지방산 + 불포화지방산 + 오일)

7) 가성소다수 설명

수돗물에 수산화나트륨을 희석시킨 희석수(수돗물 + 수산화나트륨)
가성소다수: (수돗물)144g + (수산화나트륨)56g = 200g
- 수산화나트륨 중량: 유지 총량의 14% (유지 총량 400g × 0.14 = 56g)
- 수돗물의 중량: 유지 총량의 36% (유지 총량 400g × 0.36 = 144g)

8) 용제 설명

용제는 유지 총량 400g에 대비해서 중량을 구한다.

유지 총량: 400g
- 프로필렌글리콜: 유지 총량 대비 40%(유지 총량 400g × 0.40 = 160g)
- 트리에탄올아민: 유지 총량 대비 40%(유지 총량 400g × 0.40 = 160g)
- 백설탕: 유지 총량 대비 25%(유지 총량 400g × 0.25 = 100g)

9) 첨가제 설명

첨가제로 구성된 원료는 유지와 가성소다수 그리고 용제 중량을 모두 더한 값에 대비해서 %수로 계산한다.

(유지 총량 400g + 가성소다수 중량 200g + 용제 총량 420g = 1,020g)
- 디소듐이디티에이: 3.0g 0.3%
- 알란토인: 4.0g 0.4%
- 네추럴베타인: 5.1g 0.5%
- 쉐어버터: 5.1g 0.5%
- 구연산: 7.1g 0.7%
- 우레아: 7.1g 0.7%
- CP비누 제조물: 153g 15%
- 향: 5.1g 0.5%

10) SP비누 제조

■ 만드는 방법

① 유지와 CP비누 제조물 그리고 여러 종류의 용제와 첨가물 등을 각기 다른 용기에 계량하여 준비한다.
② 수산화나트륨과 수돗물을 계량하여 가성소다수를 제조한다.
③ 계량된 유지를 핫플레이트에 올려놓고 80~90℃로 가온하여 녹인다.
④ 제조된 가성소다수를 60℃ 이하의 온도에서 녹아있는 유지에 천천히 부으면서

균질하게 젓거나 교반하여 비누화 반응시킨다.

⑤ 빽빽하게 반응되면 프로필렌글리콜을 제조물에 넣고 80~90℃에서 5~10분간 균질하게 젓거나 교반하며 제조물을 녹인다.
⑥ 80~90℃를 유지하며 트리에탄올아민을 제조물에 붓고 10분 정도 균질하게 젓거나 교반한 후에 제조된 CP비누를 제조물에 넣는다.
⑦ 80~90℃에서 잘게 썬 CP비누를 제조물에 넣고 20~30분간 젓거나 교반하며 백설탕을 제조물에 조금씩 뿌리며 녹인다.
⑧ 제조물에 덩어리가 없도록 균질하게 녹이며 가온을 중지하고 첨가제를 넣고 10~20분가량 천천히 젓는다.
⑨ 제조물이 맑고 투명해지면 향을 첨가한다.
⑩ 실온에서 비누제조물을 몰드 등에 붓는다.
⑪ 비누 제조물이 굳으면 몰드와 분리시킨다.
⑫ 몰드와 분리된 비누 제조물을 포장하여 완성된다.

※ **보충설명**

1. 제조되어 있는 CP비누 제조물 153g을 계량하여 잘게 썰어서 별도의 용기에 담아서 준비하고 유지와 수산화나트륨, 수돗물, 용제와 첨가물 등도 별도의 용기에 계량하여 준비한다.
2. 계량된 수돗물에 수산화나트륨을 천천히 부으면서 균질하게 녹이며 가성소다수를 제조한다.
3. 유지를 담는 용기는 스테인리스 및 유리용기 등 내열 용기를 사용하며 용기의 크기는 비누제조물 총량 부피의 ⅔ 정도 여유가 있는 큰 용기를 사용한다.
   스테아릭산·팔미스틱산·미리스틱산·라우릭산·올레산·피마자오일 등을 순서와 상관 없이 용기에 넣고 핫플레이트, 또는 가스레인지에서 80~90℃ 정도로 가온하여 녹인다.
   잘 녹을 수 있도록 균질하게 젓거나 교반한다.
4. 미리 제조한 가성소다수의 온도가 20~60℃ 되었을 때 상기 3의 녹아 있는 유지에 천천히 부으면서 젓거나 교반하며 비누화 반응시킨다.

이때 녹아 있는 유지의 온도는 80~90℃이며 가성소다수의 온도는 20~60℃가 적당하다.

젓거나 교반하면 흰 구름 같은 모양으로 부풀어 오르거나 서로 엉키며 비누화 반응된다.

가성소다수가 보이지 않을 때까지 균질하게 젓거나 교반한다.

5. 뻑뻑하게 반응되면 프로필렌글리콜을 제조물에 넣고 80~90℃로 유지하며 약 5~10분 정도 균질하게 젓거나 교반하면 반응되었던 제조물 덩어리가 천천히 녹으면서 액상이 된다.
6. 80~90℃를 유지하며 트리에탄올아민을 제조물에 붓고 10분 정도 균질하게 젓거나 교반한 후에 잘게 썬 CP비누를 제조물에 넣는다.
7. 80~90℃를 유지하면서 CP비누 제조물이 잘 녹을 수 있도록 20~30분간 젓거나 교반하며 백설탕을 제조물에 조금씩 뿌리며 녹인다.
8. CP비누가 제조물에서 모두 녹으면 가온을 중지하고 계량된 첨가제 쉐어버터, 네추럴베타인, 구연산, 우레아를 순서와 상관없이 조금씩 뿌리듯 제조물에 넣으며 녹인다.

디소듐이디티에이와 알란토인을 최소량의 수돗물에 녹여서 순서와 상관없이 제조물에 붓고 잘 섞일 수 있도록 균질하게 젓거나 교반한다.
9. 제조물이 맑고 투명해지면 향을 첨가한다.
10. 제조물을 실온에서 비누몰드 등에 붓는다.

이때 거품이 생기면 에탄올을 제조물에 분사하면 거품이 사그라든다.
11. 실온에서 2시간 후에 비누몰드와 비누를 분리하여 완성한다.

4. CP 주물럭비누 페이스트 제조법

주물럭 비누는 반죽비누, 클레이비누라고도 하며 주물러서 다양한 모양을 만들 수 있다.

주물럭 비누는 비누 베이스로 간편하게 제조할 수 있지만 코코넛유과 팜유 등을 수산화나트륨과 반응시켜서 정통적으로 제조하는 방법을 소개한다.

제조방법은 어렵지 않으며 말랑한 반죽으로 주물러서 모양을 낼 수 있도록 점성이 있어야 하며 쉽게 풀어지지 않고 실온에서 며칠간 굳히면 경화되어야 한다.

산화방지를 위해서 항산화제를 첨가하거나 여러 종류의 색소를 넣어서 칼라를 낼 수 있으며 다양한 형태의 모양을 만들 수 있다.

1) CP 주물럭비누 페이스트 제조법

원료	중량(g)	기타
팜유	400	
코코넛유	400	
피마자유	200	
수산화나트륨	145	D/C 8% 적용 145.5 = 158 - 13
수돗물	380	오일 총량의 38% 적용
E.O	15㎖	총량의 1% (오일 + 수산화나트륨 + 정제수)

■ **레시피 설명**

팜유: $400 \times 0.141 = 56.4g$

코코넛유: $400 \times 0.190 = 76g$

피마자유: $200 \times 0.129 = 25.8g$

수산화나트륨 총량 158.2

D/C 8% 적용 $145.544 = 158.2 - 12.656$

> 아직 레시피 설명을 이해하지 못하시는 분은(설마) 안 계시겠지요?
> 그래도 이해가 안 되시면 처음부터(비누 베이스 제조) 다시 시작해 보세요.
> 물론 레시피를 보고 제조방법에 따라서 제조할 수도 있겠지만 가장 중요한 것은 레시피 응용입니다.
> 본서를 정독하셨다면 지금쯤이면 어렵지 않게 레시피를 구성하실 수 있어야 합니다.

주물럭 반죽비누 페이스트 제조방법은 CP비누 제조방법과 같은 제조법으로 낮은 온도에서 오일을 수산화나트륨과 반응 시켜서 제조된다.

산화방지를 위해서 수산화나트륨 녹이는 수돗물에 EM 활성액 등을 첨가할 수 있다. EM 활성액 첨가 시 첨가 중량만큼 수돗물의 중량을 줄인다.

2) 만드는 방법

① 오일과 수산화나트륨 등을 각기 용기에 계량한다.
② 가성소다수를 제조한다.
③ 오일을 순서와 상관없이 내열용기에 넣어서 핫플레이트 위에 올려놓고 40℃로 가온하여 고르게 젓거나 교반한다.
④ 오일이 모두 맑게 녹으면 제조된 가성소다수를 넣고 40℃에서 약하게 트레이스가 일어날 때까지 천천히 균질하게 젓거나 교반한다.
⑤ 약하게 트레이스가 일어나면 뚜껑이 오픈되어 있는 용기나 비닐관 등에 제조물을 붓는다.
⑥ 24시간 상온에서 건조시킨다.
⑦ 건조가 끝나면 제조물을 밀가루 반죽하듯이 주무른 후에 30℃에서 3일간 밀봉하여 보온한다.
⑧ 보온과정이 끝나면 제조물을 밀가루 반죽하듯이 충분히 주물러 준 후에 사용하거나 밀봉하여 보관한다.

■ Q&A

Q 제조된 주물럭비누가 딱딱하게 굳었어요.
밀봉하여 보관하지 않으면 비누제조물이 경화되어서 나타나는 현상입니다.
제조 후에는 반드시 밀봉하여 보관해야 합니다.

Q 방부제 등을 넣지 않아도 되나요?

오일과 수산화나트륨으로 반응 시킬 때 소량의 글리세린이 생성됩니다
글리세린 성분은 방부제 역할을 하기 때문에 방부제 등을 첨가하지 않아도 됩니다.

Q EO를 첨가하게 되면 어느 시점에 어느 정도의 양을 첨가해야 되나요?
약하게 트레이스가 일어날 때 제조물 총량에 1% 정도 첨가하면 됩니다.

Q 색소는 어느 시점에 첨가해야 하나요?
약하게 트레이스가 일어날 때 첨가합니다.

Q PH를 낮추기 위해서 구연산을 첨가해도 되나요?
가능하면 구연산은 첨가하지 않는 게 좋습니다.
구연산은 강산성의 성격을 가지고 있기 때문에 주물럭비누에는 사용하지 않는 게 좋습니다.

Q 보온 후에 중화시키려면 몇 ℃가 적합한지요?
상온(15~25℃)에서 7일 정도 숙성시키면 좋습니다.

04

EM 유화수 제조

EM유화수는 비누를 제조할 때 사용되는 가성소다수의 대체물질이다.

유화수는 수산화나트륨을 물과 반응시키지 않고 유화수 그대로 유지와 반응시켜서 비누를 제조하는 데 사용되는 강염기성 액상물질이다.

필자가 오래 전에 EM유화수를 개발하고 학원에서 강의할 때 본인 비누에만 유화수를 만들어서 사용하고 만들어서 판매하지 말라는 당부를 거듭하며 제조방법을 강의했는데, 오래 지나지 않아서 무슨 유화수, 무슨 비누화수라는 이름으로 온라인 시장에 난립하기 시작했다.

그래도 필자의 발명품이기 때문에 비누발전에 많은 도움이 되겠다는 생각에 공유하기로 했지만 제대로 만들지 못한 유화수를 제품화하여 유통하기 때문에 유화수의 이미지를 많이 흐려놔서 마음이 편안하지 못했다.

따라서 이번 기회에 EM유화수, EM비누화수를 제대로 제조하는 방법을 본서에 포함시켰다.

유화수를 제조해서 판매하시는 분들께서 본서의 유화수 제조 방법을 정독해서 유화수의 진정한 취지를 존중하며 제대로 된 유화수를 제조했으면 한다.

그리고 비누를 제조하시는 독자께도 EM유화수, EM비누화수가 비누의 품질을 높이는데 커다란 도움이 되셨으면 한다.

1. EM 유화수

EM비누화수와 EM유화수는 같은 말이며, 필자가 2005년에 연구 개발하여 2012년 발명특허 등록되었던 물질이다.

EM유화수는 비누를 제조할 때 사용되는 수산화나트륨, 즉 가성소다수의 대체물질이다.
EM유화수는 수산화나트륨의 유독성을 줄이고 비누의 품질을 높이기 위한 취지와 비누를 제조할 때 안전하고 편리하게 사용할 수 있는 목적으로 개발된 물질이다.

EM을 첨가하여 세제를 제조하는 방법은 널리 알려져 있으나 EM유화수는 사용 용도와 제조 방법이 상이하게 다르다.

제조물에 EM을 첨가한 세제는 EM세제, 그리고 비누는 EM비누라 하는데 EM비누화수와 EM유화수는 비누를 제조할 때 유지를 반응시키는 가성소다수의 대체물질이다.

EM은 원어 Effective Micro-oganisms이며 유용한 Effective의 첫 자E와 미생물Micro-oganisms의 첫 자M을 따서 이니셜로 EM으로 명명한 유용한 미생물이라는 줄임말이다.

이 미생물은 자연계에 존재하는 많은 미생물 가운데서 사람이나 자연에 유익한 미생물을 선택하여 조합해서 배양한 균이다.

이 균들은 광합성균, 효모균, 유산균, 방선균 등이 주축이 된 정균으로 발효와 합성 능력을 가지고 있는 80여 종의 미생물을 혐기적으로 존속시킨 복합 미생물 군이며 정화능력 등이 매우 우수하다.

EM의 3대 효과
a 수질 정화 / b 부패로 인한 악취제거 / c 항산화에 의한 산화방지

2. EM 유화수 특징

EM유화수는 유독성 물질인 수산화나트륨을 EM과 반응시켜서 제조된다.
EM유화수는 크게 다섯 가지 특징을 가지고 있다.

1. 수산화나트륨의 유해가스와 유독성을 줄인 가성소다수 대체물질.
2. 비누를 제조할 때마다 빈번히 비누화 값을 계산하거나 가성소다수를 제조하는 번거로움이 없다.
3. 유용한 미생물인 EM(Effective Micro-organisms)을 발효시켜서 수산화나트륨과 반응시켰기 때문에 비누화 과정이 촉진된다.
4. 활성산소 제거효과와 강력한 항산화작용 등 해로운 중금속 이온을 방지하고 유해물질과 유해균 등을 정화시킨다.
5. 유화수를 제조할 때 선택한 첨가 액상을 다량 사용해도 제조되는 비누에 고르게 분산되며 스스로 유기화 능력을 가지고 있기 때문에 제조되는 비누의 품질을 높일 수 있다.

3. EM 유화수 제조 원료

EM유화수를 제조할 때 한번에 많은 양을 만들어 놓으면 비누를 제조할 때마다 안전

하고 편리하게 소분하며 사용할 수 있는 장점이 있다.

EM 유화수 구성원료

EM, 백설탕, 굵은소금, 수돗물, 수산화나트륨

EM: EM 활성액
백설탕; 흰 설탕
굵은소금: 굵은 천일염
수산화나트륨: 수산화나트륨(NaOH)
물: 수돗물

1) EM 활성액

EM 활성액은 농업기술센터에서 어렵지 않게 구입할 수 있다.
EM 활성액은 투명한 맑은 색상과 진한 밤색 두 종류의 색상이 있으며 두 종류 중 어느 것을 사용해도 무관하다.

- 맑은 색상의 EM 활성액
  EM균을 백설탕으로 배양했기 때문에 활성액이 투명하고 맑다.

- 진한 밤색의 EM 활성액
  EM균을 당밀로 배양했기 때문에 진한 밤색의 색상이다.

2) 백설탕

가정에서 사용하고 있는 정제된 백설탕

3) 굵은소금

김장할 때 사용하는 굵은소금

4) 수산화나트륨

비누를 제조할 때 사용되는 수산화나트륨(NaOH)

5) 물

일반 수돗물

4. 기초액 제조

EM유화수를 제조하려면 가장먼저 기초액을 제조해야 한다.
기초액은 EM을 배양한 활성액이며 추출물을 희석한 수돗물 또는 추출물을 희석시키지 않은 맹물의 수돗물에 백설탕과 소금을 용해시킨 후에 EM 활성액을 첨가하여 EM을 재배양하여 제조되는 액상이다.

유화수는 EM이 활동하고 있는 기초액을 제조한 후에 기초액으로 1차 수산화나트륨과 반응시킨 후에 일정한 시간이 지나서 2차 재반응시켜서 완성된다.

기초액을 제조할 때 제조물 중량(g)은 제조자 임의로 중량(g)을 정한다.
가장 먼저 물 중량(g)을 정한다.
물 중량이 정해지면 백설탕은 물 중량 대비 15%, 소금은 물 중량 대비 0.5%, 그리고 EM 활성액은 물 중량 대비 10%를 물에 희석한다.

참고로 기초액 제조 색상은 선택한 EM활성액 사용에 따라서 완성된 유화수의 색상이 다르게 나타난다.

기초액 제조 원료 함량

물 중량 대비 \ 원료	백설탕	천일염	EM활성액
%	15	0.5	10

물 중량은 맹물인 수돗물 또는 수돗물에 추출액이 함유된 희석수를 사용한다.
추출액의 희석 비율(%) 또는 중량(g)도 본인 임의로 정한다.

희석시킬 추출액은 제조자의 선택에 따라서 어청초 추출물, 녹차 추출물, 붉나무 추출물 등 여러 종류의 추출물을 사용한다.

희석 비율은 보편적으로 물 중량 대비 10% 이내가 좋으며 특별히 제조할 때 30% 이상 사용할 수 있다.

■ **기초액 제조방법**

① 25~30Kg 크기의 통에 맹물인 수돗물, 또는 추출물이 희석된 희석수 15Kg을 계량해서 담고 20~30℃가 유지되도록 준비한다.
② 20~30℃를 유지하면서 백설탕은 물 중량 대비 15%, 2,250g을 수돗물이나 희석수가 담긴 통에 붓고 균질하게 젓거나 교반하며 용해시킨다.
③ 20~30℃를 유지하면서 소금은 물 중량 대비 0.5%, 75g을 수돗물이나 희석수가 담긴 통에 붓고 균질하게 젓거나 교반하며 용해시킨다.
④ 20~30℃를 유지하면서 EM 활성액은 물 중량 대비 10%, 1,500g을 수돗물이나 희석수가 담긴 통에 붓고 균질하게 잘 섞일 수 있도록 젓거나 교반한다.
⑤ 제조물을 공기와 차단시키기 위해서 밀봉한다.
   미생물은 공기를 좋아하는 호기성이 미생물이 있는가 하면 공기를 싫어하는 혐기성 미생물이 있다.

EM 미생물은 혐기성 미생물이기 때문에 제조물을 공기와 차단시키기 위해서 밀봉한다.

⑥ 20~30℃ 온도를 유지하면서 하루에 1회 이상 2주간 제조물이 균질하게 섞일 수 있도록 젓거나 교반한다.

⑦ 20~30℃에서 2주가 되면 제조물 표면에 하얀 균이 보이면서 기초액이 완성된다. 기초액 모두 총량은 중량 18,825g이다.

기초액은 공기를 싫어하는 혐기성인 EM균을 계속 배양시켜서 제조되기 때문에 배양 용기를 밀폐시키고 20~30℃를 유지시켜야 한다.

※ 보충설명

1. 25~30Kg 크기의 빈 통에 맹물인 수돗물 15,000g 또는 맹물 12,000g에 추출액 3,000g이 희석된 희석수 15,000g을 20~30℃가 유지되도록 준비한다.
   아래 a맹물과 b희석수 둘 중 하나를 선택한다.
   b희석수는 맹물에 추출액 20%를 희석한 희석수이다
   a맹물 15,000g
   b희석수 15,000g = 맹물12,000g + 추출물 3,000g

2. 20~30℃를 유지하면서 백설탕은 물 중량 대비 15%, 2,250g을 수돗물이나 희석수가 담긴 통에 붓고 균질하게 젓거나 교반하며 백설탕을 용해시킨다.

3. 20~30℃를 유지하면서 소금은 물 중량 대비 0.5%, 75g을 수돗물이나 희석수가 담긴 통에 붓고 균질하게 젓거나 교반하며 충분히 용해시킨다.
   소금은 반드시 김장할 때 사용하는 천일염 굵은 소금을 사용한다.

4. 20~30℃를 유지하면서 EM 활성액은 물 중량 대비 10%, 1,500g을 수돗물이나 희석수가 담긴 통에 붓고 균질하게 잘 섞일 수 있도록 젓거나 교반한다.
   제조물의 평균 온도가 25℃, 그리고 제조물에 첨가물들이 잘 섞일 수 있도록 균질하게 젓거나 교반하면 제조기간이 짧아진다.

5. EM 미생물은 공기를 싫어하는 혐기성 미생물이기 때문에 제조물을 공기와 차단시켜야 배양이 잘된다.
   따라서 직사광선을 피하고 밀봉한다.

6. 20~30℃를 유지하면서 하루에 1회 이상 2주간 제조물이 균질하게 섞일 수 있도록 젓거나 교반한다.
7. 20~30℃에서 14일 정도 되면 제조물 표면에 하얀 균이 보이면서 기초액이 완성된다.

　　기초액 모두 총량은 중량 18,825g이다.

5. EM 유화수 제조

유화수는 수산화나트륨을 기초액으로 반응시켜서 제조한다.
수산화나트륨을 기초액으로 반응시키려면 수산화나트륨 중량을 구해야 한다.
수산화나트륨 중량을 구하는 공식은 a × 16 ÷ 33 = b이다.

a는 기초액 중량이다.
기초액 중량을 16으로 곱해서 계산된 숫자를 33으로 나누어서 얻어진 수치 b가 수산화나트륨의 중량(g)이다.

■ 수산화나트륨 중량(g)구하는 공식

> a × 16 ÷ 33 = b
> a = 기초액 중량(g)
> b = 수산화나트륨 중량(g)

기초액 300g으로 유화수를 제조하려면 300 × 16 ÷ 33 = 145.4이며 145.4g이 수산화나트륨 중량(g)이다.

다시 설명하면 기초액 3,000g을 만들어 놨는데 유화수를 제조하려면 수산화나트륨 중량을 구해야 한다.

그래서 기초액 3,000g을 공식 16으로 곱한 후에 공식 33으로 나누면 1,454.5가 된다. (3,000 × 16 ÷ 33 = 1,454.5)

따라서 기초액 3,000g으로 유화수를 제조하려면 수산화나트륨의 중량은 1,454.5g 이다.

> **EM유화수 제조방법**
> 1차 기초액을 제조한다.
> 2차 제조된 기초액으로 수산화나트륨과 반응시킨다.
> 3차 제조된 기초액으로 수산화나트륨과 재반응시킨다.

그러나 기초액으로 수산화나트륨과 반응시키기 전에 반응시킬 기초액 20%를 뺀 나머지 기초액으로 수산화나트륨과 반응시켜야 한다.

예를 들면 기초액 200g으로 유화수를 제조하려면 수산화나트륨의 중량은 97g이다.

수산화나트륨 중량은 그대로 사용하고 기초액 200g에서 20%를 차감시키면 기초액이 160g이다.

따라서 기초액 160g으로 수산화나트륨 97g과 1차 반응시킨 후에 일정한 시간이 지나서 나머지 차감된 기초액 40g으로 2차 반응시킨다.

이는 기초액의 유용한 미생물이 수산화나트륨과 혼합하여 반응되는 과정에서 강알칼리성에 의해서 폐사하는 문제가 발생하기 때문에 별도로 기초액 20%를 2차 반응시키기 위해서 차감하여 줄여둔 것이다.

■ EM 유화수 제조

> EM유화수를 제조할 때 사용하는 용기는 내열용기나 스테인리스 용기를 사용해야 하며 수산화나트륨은 인체에 위험하고 유해한 가스가 발생되기 때문에 환기가 잘되는 곳에서 바람을 등지고 보호 장구를 착용한 후에 작업해야 한다.

EM유화수를 제조하기 위해서 수산화나트륨에 기초액에 부으면 폭발위험성이 있으므로 반드시 EM유화수를 제조할 때는 기초액에 계량된 수산화나트륨을 넣고 반응시켜야한다.

수산화나트륨과 기초액이 반응하면 90~100℃ 이상의 온도로 상승된다.

수산화나트륨이 모두 용해되도록 스텐리스 도구 또는 스푼 등으로 잘 젓거나 교반한다.

■ 기초액 500g으로 EM유화수 제조

① 수산화나트륨을 기초액으로 반응시키기 위해서 열과 부식에 강한 용기를 준비한다.

용기를 준비할 때 기초액 중량과 수산화나트륨 중량이 차지하는 양의 부피보다 큰 용기를 준비한다.

② 기초액 중량을 계량한다. (400g)

500g에서 20%를 차감시키면 기초액 중량은 400g이다.

③ 수산화나트륨 중량을 계산한다. (242g)

수산화나트륨 중량을 구하는 공식 $a \times 16 \div 33 = b$

$500 \times 16 \div 33 = 242.4$

수산화나트륨 중량은 242g이다.

④ 내열용기에 400g의 기초액을 붓고 242g의 수산화나트륨을 천천히 부으면서 균질하게 저어서 수산화나트륨을 녹인다.

이때 화학 반응으로 인하여 온도가 급하게 상승하기 때문에 화상에 주의해야 한다.

⑤ 상승된 온도가 30~40℃로 낮아지면 밀봉하지 말고 실온에서 그늘진 곳에 보관한다.

⑥ 7일 후에 차감시킨 기초액 100g을 1차 제조된 유화수 제조물에 붓고 균질하게 젓거나 교반한다.

이때도 화학 반응으로 온도가 상승하기 때문에 화상에 주의하여야 한다.

2차 반응시킨 유화수 제조물의 온도가 30℃ 이하로 내려가면 불순물이 들어가지 않도록 주의해서 보관할 수 있는 일정한 용기에 담아서 밀봉하지 말고 실온에서 그늘진 곳에 보관한다.

⑦ 겨울철에 얼지 않게 주의하며 그늘진 실온에서 밀봉하지 말고 3개월간 보관한다.
⑧ 3개월 후에 밀봉하여 얼지 않게 주의하며 그늘진 실온에서 계속 보관하거나 사용한다.

　EM유화수는 제조 후 실온에서 오래 보관할수록 좋으며 반드시 그늘진 곳에서 얼지 않게 보관해야 된다.

EM유화수의 사용기한은 기술한 내용과 같이 제조했을 경우 15년이 경과해도 비누를 제조할 때 아무런 문제가 없었습니다.
오래된 EM유화수를 사용하여 비누를 제조하게 되면 제조된 비누의 사용감이 마일드하며 거품력과 보습이 매우 우수했습니다.
유화수는 보관 기간은 오래될수록 수산화나트륨의 유해성이 완화되어서 순해집니다.
유화수를 제조하시는 분들, 이제 5년산 유화수, 10년산 유화수, 정말 좋게는 13년산 유화수 이렇게 제조해서 유통하시면 수요가 엄청날 것으로 기대됩니다.

■ 유화수 사용방법

　비누 베이스 또는 MP비누를 직접 제조법으로 제조할 때, EM유화수는 유지 합계량 대비 40%를 사용하고 CP비누를 제조할 때 유지 합계량 대비 42.8%를 사용한다.
　EM유화수를 사용하여 비누를 제조할 때 유화수의 온도는 20~40℃가 좋다.

05
부록

천연 수제비누 용어

가성가리(KOH, potassium hydroxide)

화학식 KOH, 흰색 결정.

강염기성 물질이며 수산화칼륨과 같은 말.

포타슘하이드록사이드와 같은 말이며 액체 비누를 제조할 때 사용한다.

가성소다(NaOH, sodium hydroxide)

화학식 NaOH, 흰색 결정.

강염기성 물질이며 수산화나트륨과 같은 말.

공기 중에서 습기를 흡수해 스스로 녹는 조해성이 있으며 유지(오일)를 가성소다로 반응시켜서 고형비누를 제조할 때 사용된다.

가성소다수

수산화나트륨을 물에 희석시킨 용액.

가용화제(solubilizer)

적은양의 기름을 많은 양의 물에 섞어도 기름과 물이 분리되지 않는 물질.

계면활성제(surfactant)

액체의 표면적을 최소화시키는 힘을 표면장력 또는 계면장력이라 하며 어떤 물질이 액체에 녹았을 때 표면장력을 감소시키는 성질을 계면활성이라 하고 그러한 성격을 가지고 있는 물질을 계면활성제라 한다.

극성분자(polar molecule)

분자는 극성과 무극성 두 가지로 나눈다.

극성분자는 전기의 극성을 갖지만, 무극성 분자는 전기의 극성이 없다.

극성분자는 분자의 한쪽 끝에 양(+)의 전기를 띠고, 다른 한쪽은 음(-)의 전기를 띤다.

디스카운트(discount)

오일을 완전히 비누화시키는 데 필요한 수산화나트륨의 양을 줄여서 넣는 방법. 과량의 디스카운트는 오일이 산화되어서 비누의 수명이 단축된다. 보편적으로 3~8% 정도의 디스카운트가 권장할 만한 수치이다.

무극성 분자(無極性分子)

비극성 분자(非極性分子)라고도 하며 분자 속에 양전하와 음전하의 중심이 일치하여 분자구조가 대칭성을 보이는 분자.

무기화합물(無機化合物)

탄소 성분을 가지고 있지 않은 유기화합물 이외의 화합물.

미셀(micell)

계면활성제가 일정 농도 이상에서 모여 원형의 구조체를 만든 집합체.

방부제(preservative)

미생물 등에 의해서 발생되는 변질·변취·곰팡이 발생 등을 방지할 목적으로 제조된 물질.

배치사이즈(batch size)

비누 1kg을 제조하는데 사용되는 원료의 무게 ex) 비누 1kg = 오일 + 가성소다수 + 첨가제.

베이스오일(bass oil)

비누를 제조할 때 가장 기본이 되는 오일.
팜유, 코코넛유, 피마자오일, 올리브오일, 미강유 등

백탄(白炭): 참숯

보습제(humectant)

피부에 수분을 주고 유지시킬 목적으로 사용되는 흡습성의 물질.
히알루론산, 글리세린, 오일 등

비누 레시피(recipe)

비누 제조의 처방전.

비누 베이스(soap base)

가온시켜서 비누를 제조할 수 있도록 이미 제조되어 있는 반제품.
MP 비누 베이스, CP 비누 베이스, 투명 비누 베이스 등.

비누화값(saponification value)

유지 1g을 비누화시키는 데 사용되는 수산화나트륨의 중량(g).

비누화수

가성소다수의 대체 물질이며 EM유화수라고도 한다.

비이온 계면활성제(nonionic surfactant)

물에 녹여도 이온으로 해리되지 않는 계면활성제.
비이온 계면활성제는 해리 되지 않는 수산기를 가진다.
비이온 계면활성제의 친유기와 친수기의 정도(HLB balance)의 차이에 따라 용해도, 습윤력, 침투력, 유화력 및 가용화력 등의 성질이 달라질 수 있다.

산화 방지제(酸化防止劑)

제조된 제품을 오랜 시간 방치하거나 소홀히 관리했을 때 제품의 물성이 산화되거나 성분이 분해되어서 파괴 되는데 이를 산패라고 한다.
산패는 유해성 물질이 생성되어서 변색 되는데 이러한 산패를 늦추거나 막아 주는 물질을 산화방지제라 한다.

산도 조절제(酸度)

산성의 세기를 나타내는 수소 이온 농도 지수(pH)의 수치를 낮추어 주거나 높여주는 물질이며 구연산과 트리에탄올아민이 대표적이다.

상온(常溫)

15~25℃이며 상온과 실온의 표준온도 20℃.

수용액(aqueous solution)

물을 용매로 사용하는 용액.

수제비누(handmade soap)

합성비누처럼 대량생산을 위해서 염석(Salting Out)공정을 거치지 않고 유지를 수산화나트륨 용액(NaOH 희석액)으로 반응시켜서 그대로 만든 비누.
염석공정으로 비누를 제조하지 않기 때문에 작업과정이 모두 분리되어 있어서 잔일손이 많기 때문에 수제비누라고 한다.

숙성(ageing)

어떤 물질의 제조과정이나 공정에 있어서 조직 등이 불충분한 것을 일정 기간 동안 보호하여 알맞은 성질을 갖게 하는 과정 또는 가공과정의 각종단계에서 다음가공처리에 알맞은 상태가 될 때까지 일정시간 방치하는 것.

슈퍼펫(superfat)

오버펫이라고도 하며 부드럽고 보습이 좋은 비누를 제조하기 위해서 비누화시키지 않은 오일을 그대로 비누에 남기는 방법.
비누를 제조할 때 트레이스 전후에 일정량의 오일을 첨가해 주는 방법으로 비누화를 거치지 않았기 때문에 오일 성분이 그대로 남아있어서 오일의 효과를 효율적으로 피부에 전달할 수 있다.
대략 3%이내의 슈퍼펫이 권장할 만한 수치이다.

실온(室溫)

1~35℃이며 상온과 실온의 표준온도 20℃.

아미노산(amino acid)

분자 내에 염기성 아미노기를 갖는 카르복실기의 합성물질.
단백질 구성 성분으로 피부 표면에 존재하여 pH와 수분을 조정하는 완충 역할을 한다.

안료(pigment)

액상 등 유기용제에 녹지 않는 분말상(粉末狀)의 착색제.

알칼리염(alkali salt)

알칼리 수산화물과 산의 중화반응에 의해서 생기는 염.

양이온계면활성제(cationic surfactant)

친수성의 이온성이 양이온을 띰.
양이온성 계면활성제는 물에 용해될 때 친수기 부분이 양이온으로 해리된다.
세정, 유화, 가용화, 살균 및 소독작용이 크고, 특히 모발에 흡착하여 유연효과와 대전방지효과를 나타내기 때문에 헤어 린스와 헤어트리트먼트 제품 등에 사용된다.

양쪽성계면활성제(amphoteric surfactant)

음이온, 양이온 모두를 띰.
양쪽성 계면활성제는 양이온성 관능기와 음이온성 관능기를 1개씩 또는 그 이상을 동시에 같은 분자 내에 갖고 있는 것.
피부자극성과 독성이 적고, 세정작용이 있으며 저자극 샴푸와 유아용샴푸에 주로 사용된다.

양친매성(兩親媒性)

물과 유지 모두에게 친한 성질.

에센셜오일 노트(essential oil and note)

에센셜오일은 증발률에 따라 향노트가 각기 다르므로 top note, middle note, base note 등의 향노트를 구분하고 있다.

에센셜오일(essential oil)

허브식물의 꽃, 잎, 줄기, 뿌리, 껍질 등에서 정유를 추출한 100% 순수한 천연오일.

에스테르(ester)

산과 알코올 작용에 의해서 탈수 반응으로 생성된 화합물.

에스테르값(ester)

에스테르를 비누화시키는 데 사용되는 수산화칼륨의 중량(mg).
비누화 값에서 산가(酸價)를 빼서 구한다.

엘라스틴(elastin)

콜라겐과 함께 결합조직에 존재하며 탄력성이 있는 단백질의 일종.

염료(dye)

물, 기름 등에 녹아서 단 분자로 분산하여 섬유 등의 분자와 결합하여 착색하는 유색 물질.

염석공정(salting process)

유지를 비누화 반응시킨 후에 전해질(염화소듐) 물질을 투입하면 비누화되었던 제조물이 순비누분과 글리세린 성분으로 분리되어서 고체와 액체로 나누어진다.
비누성분은 부력에 의해서 액체 위로 뜨고 생성된 글리세린 성분 등은 밑으로 가라앉게 된다.
위에 뜬 비누성분을 수득하여 비누소지를 제조한다.
비누소지는 연속공정으로 비누를 대량 생산하기 위해서 제조된 반제품이다.

용매(溶媒)
어떤 물질을 녹여서 용액으로 만들 때 사용되는 물질 같은 말로 용제(溶劑)라고도 한다.

용액(溶液)
두 가지 이상의 물질이 혼합된 액상.

용제(溶劑)
같은 말로 용매라고도 하며 어떤 물질을 녹여서 용액으로 만드는 물질.

용질(溶質)
용액에 녹아서 들어가는 물질.

용해(溶解)
용질이 용제 속에 들어가서 섞이는 것.

유기화합물(有機化合物)
모든 탄소 화합물을 지칭하여 이르는 말.

에멀젼(emulsion)
혼합되지 않는 두 액체의 중 다른 액체가 분산되어있는 혼합물.
일반적으로 유화제에 의해서 안정적인 현탁액으로 유지된다.
우유, 마요네즈 등.

유연제(emollient)
유연성을 부여하여 수분을 유지하고 피부를 부드럽고 유연하게 만드는 윤활작용을 하는 비누나 화장품 원료로 사용되는 물질.

요오드화 값(odine value)

기름 100g에 부가되는 요오드(I_2)의 g수이며, 기름의 불포화도.
지방산이 이중결합이 많을수록 요오드값이 커지며 60이하로 낮을수록 포화지방산에 가까워서 단단한 비누가 된다.

유리알칼리(free alkali)

비누화 반응 후에 잔존해 있는 수산화나트륨 또는 수산화칼륨 성분.

유지(油脂)

동, 식물계에 널리 존재하며 단백질 및 탄수화물과 함께 생물체의 주요 성분을 가지며 지방산과 기름인 오일(oil) 모두를 일컬어서 통칭으로 사용되는 말.
그러나 의학계나 식품계에서는 유지라는 말을 사용하지 않고 일괄해서 지방(脂肪)이라고 부른다.

유화수

가성소다수의 대체 물질이며 EM비누화수라고도 한다.

유화제(emulsifier)

기름 성분과 물 성분이 서로 분리되지 않게 섞어 주는 물질.

융화(融化)

어떤 물질이 열에 녹아서 다른 물질이 됨.

음이온계면활성제(anionic surfactant)

친수성의 이온성이 음이온을 가진 계면활성제.
세정력이 우수하여 연수나 경수에서도 세척작용과 기포 형성 작용이 우수하여 비누, 샴푸, 클렌징 폼 등에 많이 사용된다.

정제수(distilled Water)
물을 가열했을 때 발생되는 수증기를 냉각시켜서 얻는 물·병원성 미생물 등을 물리적 또는 화학적으로 세균이 살균된 맑은 초순수의 물.

중화(neutralization)
서로 다른 성질을 가진 물질이 섞여서 각각의 성질을 잃거나 그 중간의 성질을 띠게 함.

치환(置換)
바꾸어 놓음.

친수성(hydrophile)
극성을 띠며 물과 친한 성분.

친유성(hydrophobic property)
극성을 띠지 않으며 유지와 친한 성분.

카르복시기(carboxy group)
물과 친한 수산기가 결합된 원자단.

캐리어오일(carrer Oil)
마사지 베이스오일로 사용되며 정유를 피부에 바르기 위한 희석제인 동시에 피부 흡수를 위한 매개체 역할을 하는 식물성 오일.
헤이즐넛오일, 아보카도오일, 스윗아몬드오일 등.

콜라겐(collagen)
피부에 있는 단백질의 종류.

탄화수소(hydrocarbon)

탄소와 수소만으로 이루어진 화합물.

트레이스(trace)

흔적이라는 표현이며 오일과 가성소다수가 반응하여 걸쭉하게 비누화 반응이 일어나는 현상.

트리밍(trimming)

비누를 커팅하고 난 후에 비누의 테두리를 깔끔하게 다듬거나 깎아 주는 작업.

페하(ph)

수용액의 수소이온농도의 지표.
pH를 나타내는 지수는 물속에 녹아있는 수소이온($H+$)의 무게로 표시한다.
중성 수용액의 pH는 7이며 산성 수용액은 pH 7보다 작고, 알칼리 용액은 pH 7보다 크다.

표면장력(surface Tension)

액체의 분자들은 서로 안쪽으로 잡아당기려고 하는 힘으로 표면에 가장 작은 면적을 차지하기 위해서 스스로 수축하려고 작용하는데 이러한 힘을 표면장력이라 하며 표면장력의 힘은 온도나 액체의 종류에 따라서 다르다.
그러나 비눗물을 풀어 주면 표면장력의 힘은 잃어버리게 된다.

표면활성(surface active)

표면장력을 활성화시키는 힘.

합성비누(soap on the market)

일반적으로 시중의 편의점·마트 등에서 흔하게 볼 수 있는 고형비누.

항균제(antimicrobial)

미생물 작용에 의해 변패되는 것을 방지하기도 하고 치료하는 데 쓰이는 약제.

항산화제(antioxidant)

산소 작용에 의해서 자동산화를 방지하기 위해 첨가하는 물질.

향료(perfume)

주로 에센셜오일을 사용하지만 비누제조방법에 따라서 여러 종류의 향료를 사용하게 된다.
향료는 동물성 향료, 식물성향료, 합성향료 등이 있다.

해리(解離)

풀려서 떨어지는 현상.

화합물(compound)

두 가지 이상의 원자를 가진 동일한 분자로 이루어진 물질.

✳✳✳

06

유용한 정보

유용한 정보

1. 원료 구입처(다아라숍)
2. 인터넷 강좌(숍엔터테인먼트)
3. 비누 제조기계(듀테크)

1. 원료 구입처(다아라숍)는 비누 베이스 및 천연비누 등을 제조하는 데 사용되는 원료를 판매하는 쇼핑몰입니다.
   타 판매처에 비해서 가격이 저렴합니다.

2. 인터넷 강좌(숍엔터테인먼트)는 필자가 출연하여 전문가(이학박사)와 함께 강의하는 유료영상입니다.

3. 비누 제조기계(듀테크)는 필자가 직접 제작하는 비누 제조기계 장비입니다.
   다년간 천연비누를 제조한 풍부한 경험을 바탕으로 비누 제조기계를 설계 제작합니다.

※※

1. 원료 구입처

다아라숍 www.soap007.com을 검색하여 주문 또는 전화주문

원료 가격이 저렴합니다.

1. 소분 판매 (다아라숍 www.soap007.com을 검색하여 인터넷 주문)
2. 벌크 판매 (전화주문 041-943-0018) 20kg 이상

■ **취급 품목**

비누 베이스 제조원료 · 추출액 · 각종계면활성제 · 액상비누 제조원료 · 화장품 제조원료 · 첨가물 및 기타 원료 등 취급

다아라숍
www.soap007.com
문의 ☎ 041-943-0018 / 010-2935-8296

✽✽✽

2. 인터넷 강좌

솝 엔터테인먼트는 저자가 직접 출연하여 비누 베이스, CP비누, 주방세제와 세탁세제 제조방법 등을 유료영상 강의하는 인터넷 강좌입니다.

온라인 클래스 제조 강좌

**최고의 제조 기술을 희망하시는 여러분을 어부바해 드리겠습니다.
그 어떤 강의 내용과 비교를 거부합니다.**

> 천연비누, 비누 베이스, 속성 CP비누, 정통 EM유화수, 천연세제

세 가지 별도 과목으로 분류하여 강의합니다.

01 비누 베이스 제조	02 CP비누 빠른 제조방법	03 주방세제와 세탁세제

핫플레이트와 스텐 비커만 있으면 2시간이면 직접 비누를 제조하여 바로 사용할 수 있습니다.	무른 CP비누 제조 NO 긴 숙성시간 NO 정통 유화수 제조법 포함	소금으로 점도 조절 과탄산소다 첨가 NO 베이킹소다 첨가 NO

솝 엔터테인먼트

www.soapet.com
문의 ☎ 041-943-0018
☎ 010-2935-8296

■ 커리큘럼 1대1 강의 (필자 직접 강의)

▣ 수강 시간 및 수강 장소
　수강 시간: 2일(오전 9시 30분 ~ 오후 5시 30분)
　수강 장소: 듀테크 본사 또는 수강생이 지정하는 장소

▣ 수강료
　제조 원료 포함: 3,200,000원

▣ 수강 내용
　1. 본서 내용 및 정통 SP비누 제조 등(천연비누 제조사 1급 자격증 발급)
　2. 천연 주방세제, 세탁세제 제조
　3. 크림비누(폼 클렌저 타입의 떠서 사용하는 비누)와 튜브형 비누 제조

교육 후 메일 등을 통해서 지속적으로 피드백 해 드립니다.

문의 ☎ 010-4335-1388
　　　choyon5@hanmail.net

****

3. 비누 제조기계
SINCE 2008

창업 및 천연비누 제조
듀테크와 상의하시면 계획하는 일들이 쉬워집니다.

순수한 국내산 자재로 제작된 비누 제조기계

안전합니다/작동이 간편합니다/잔고장이 없습니다.

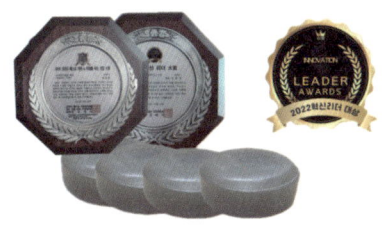

천연비누 부분 연속 대상

기술평가 우수 인증기업

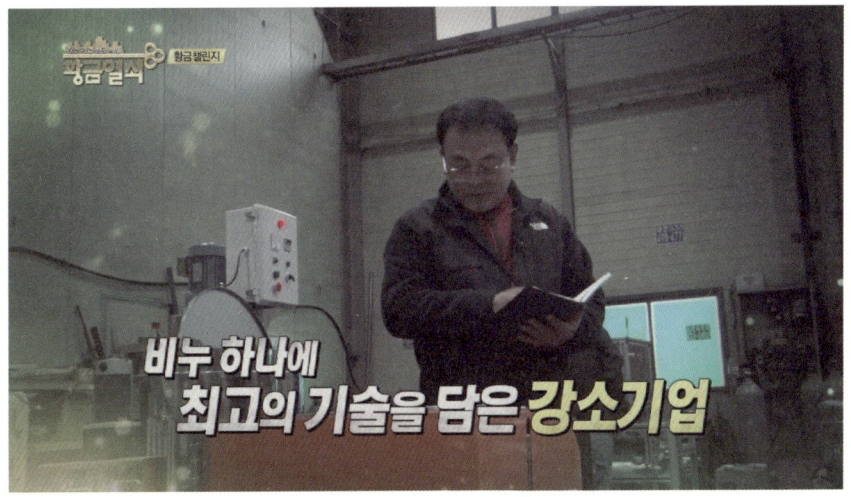

(TV방송) 강소기업에 필자 출연

필자가 직접 비누 제조기계 제작

✳✳✳

비누제조기계 · 비누교반기 등 제조설비

비누교반기 230리터
비누 베이스, 천연비누 제조
주방세제, 세탁세제 등 제조

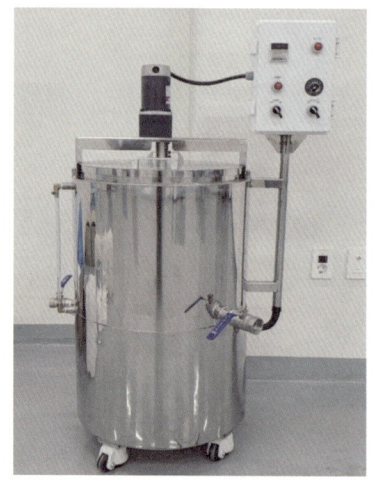

비누교반기 60리터
비누 베이스, 천연비누 제조
주방세제, 세탁세제 등 제조

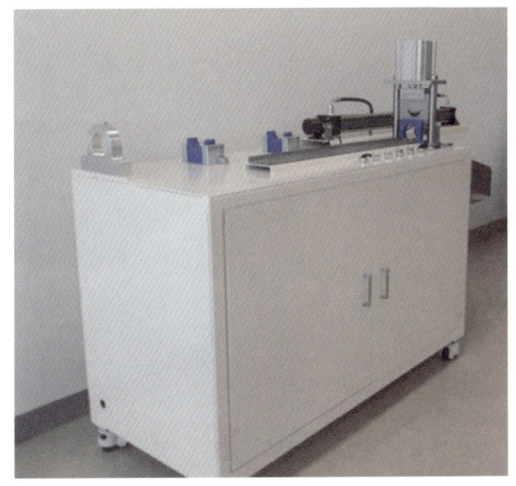

비누 압출 커팅기
비누 제조물을 압출하여 일정한
무게로 커팅 하는 기계

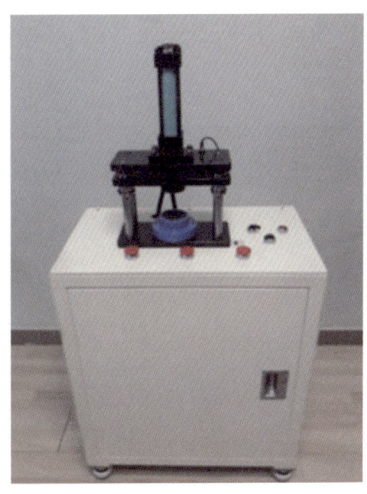

비누 성형기
비누 제조물을 비누의 모양으로
성형 시키는 기계
작업량: 12 EA / minute

비누 제조기계는 듀테크와 상의하세요.

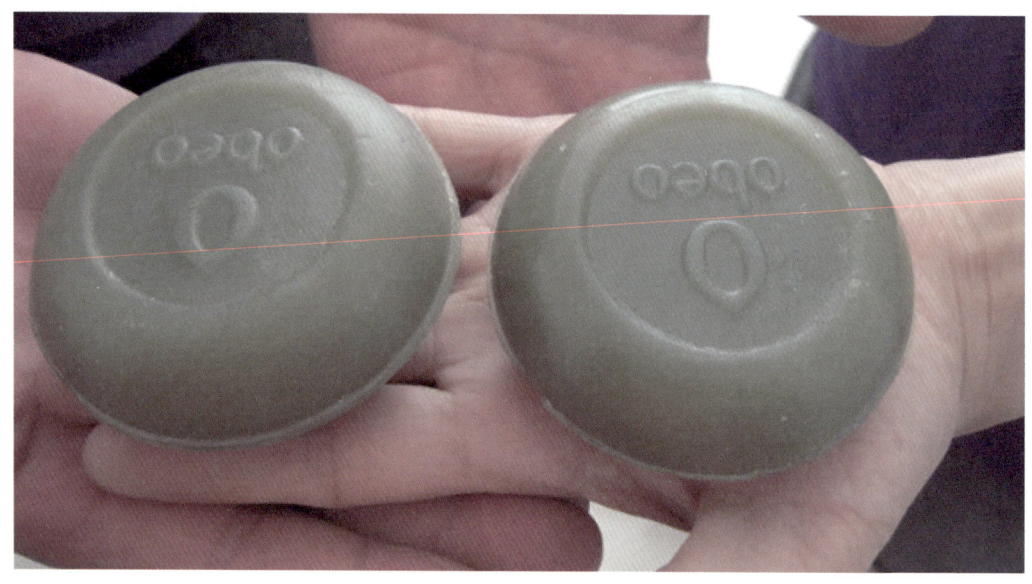

1. **상담**
   본사 공장에 방문 상담(제조허가, 생산 계획 및 제품 생산에 필요한 정보 등)

2. **기계 제작**
   상담 후 계약이 이루어지면 본사에서 계약된 비누기계 제작(주문 제작 방식)

3. **원료 공급**
   계약 후 원료 등 공급(비누 베이스 및 천연비누 제조 등의 원료)

4. **기계 출고**
   계약기간 내에 기계 제작이 완성되면 본사에서 현지에 운송 및 현지에 설비(운송비 본사 부담)

5. **제조 기술 교육**
   현지에 기계 납품 후 작동법과 납품된 비누기계로 제조 방법 등 교육, 지도함

6. 천연비누 제조사 자격증 발급

천연비누 제조사 1~2급 자격증 발급(한국직업능력개발원 등록 제2015-005173호)

7. 사후 관리

신속한 A/S, 지속적인 기술 공유로 많은 정보 제공

듀테크의 매력

1. 원료공급 (비누 제조기계 구입 업체에 별도로 저렴한 가격에 원료 공급)
2. 비누 베이스, 수제비누, 세탁세제, 주방세제 등 제조교육 (기계 납품 후 무료 교육)
3. 유용한 정보 지속적으로 공유

듀테크의 특별한 혜택

수산화나트륨 성분 없이 비누를 제조한다?
믿기지 않겠지만 사실입니다.
수산화나트륨(가성소다, EM유화수)을 사용하지 않고 제조되는 비누 베이스와 MP비누 제조 무료 교육

듀테크

www.soap114.com

문의 ☎ 010-4140-1388
　　　☎ 070-4413-1060

천연비누 제조 실전

ⓒ 조용찬, 2025

초판 1쇄 발행 2025년 5월 9일

지은이   조용찬
펴낸이   이기봉
편집   좋은땅 편집팀
펴낸곳   도서출판 좋은땅
주소   서울특별시 마포구 양화로12길 26 지월드빌딩 (서교동 395-7)
전화   02)374-8616~7
팩스   02)374-8614
이메일   gworldbook@naver.com
홈페이지 www.g-world.co.kr

ISBN   979-11-388-4253-2 (03590)

- 가격은 뒤표지에 있습니다.
- 이 책은 저작권법에 의하여 보호를 받는 저작물이므로 무단 전재와 복제를 금합니다.
- 파본은 구입하신 서점에서 교환해 드립니다.